IKEYAN★

Artists File

イケヤン★アーティスト・ファイル

中日新聞社

行け。イケヤン★たち

無茶な集まりである。そのこと自体が面白い。無茶は、若者に許された特権である。アーティストには、いつも気楽に話し合える仲間が必要である。けっしてヒエラルキーが強固な党派が必要なのではない。あくまで、気軽な仲間が必要なのである。作品の制作は、本来孤独な作業である。孤独さは、大きな恵みを作家にもたらしてくれる。しかし、それゆえに作家は常に、思い込みや独善から自由になれない存在でもある。それを救うのが気軽な仲間なのである。

陶芸は、それなりの技術を必要とするアートである。思いがあふれていても、技術がなければ、行き詰まることも多い。その時、周りにいる仲間に相談すると、嘘のように疑問や行き詰まりから解放されることもある。今は、土を山に探しに行ったり、釉薬を苦労して調整したりする時代ではないのかもしれない。でも、仲間の中にはそうしたことをよく知っている人もいるものなのだ。なんでも気楽に話ができる仲間のありがたさは、そのうちに分かってくる。アーティストには、独善も大事だが、多くの人との会話も必要なのである。

おそらくアーティストの多くは、その方向性を30歳代で定めることになる。その頃には、あるいはイケヤン★も必要ではなくなるのかもしれない。おそらく、イケヤン★は、大学の同好会のような役割を果たしてくれるだろう。けっして、永続性のある組織にはならないでほしい、と私は思う。だからこそ、面白いのである。メンバーも変わり、リーダーも変わるだろう。

でも、そこにいた時間が、本当に面白かったと言えるような仲間たちと、大いに議論をし、大いに語り合って、そこから飛躍しよう。陶芸というジャンルは、ともすればベテランが目立つものではあるが、そのことを拒否するのではなく、その人たちに敬意を払いつつ、仲間と先に進むのだ。行け、行け、ヤングアーティスツ。

岐阜県現代陶芸美術館　館長　榎本 徹

Contents
IKEYAN★
Artists File

「夏のイケヤン★」（2014年8月2日、セラミックパークMINOで開催）のスナップから

IKEYAN★MEMBERS

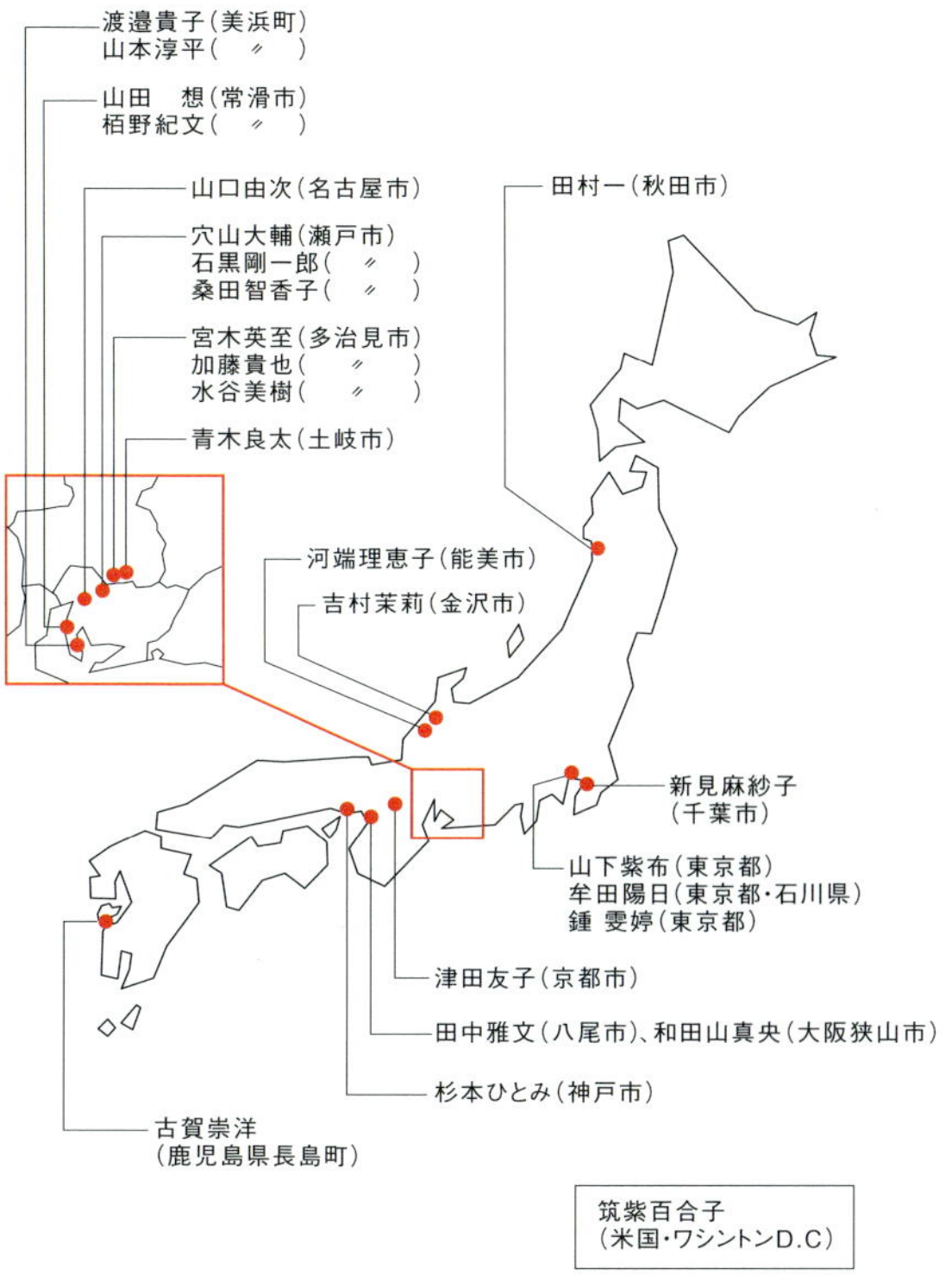

「イケヤン★」のフルネームは「イケイケヤング陶芸家」。まさにその名の通り、若手の陶芸家が行け行けで頑張っていこう、という集まりだ。2008年に始まった。

「陶芸は一人でやるものですが、それ（一人）だと食べられないときに、つらいんですよ。（一人だと）仕事しながら『きょうは疲れたから帰ろうかな』ってなるんです。でも、全国に友だちとか刺激しあえる仲間がいると、『アイツも頑張っているだろうからオレも頑張ろう』と、心が折れずにやっていけるんです。連絡を取り合って全国のギャラリーなどの情報が入れば、食べていきやすい環境ができます。全国の陶芸家のネットワークが広がれば、陶芸家が食べていける道につながるんです」

主宰者の一人、青木良太は、「イケヤン★」を始めた経緯、狙いをこう説明する。

具体的な活動は仲間が集まり交流を深め情報交換する「夏のイケヤン★」、メンバーと「夏のイケヤン★」で選ばれたオーディションメンバーによる全国巡回展「イケヤン展★」、webサイト「イケヤン★HP」(http:www.ikeyan.jp)がある。

「イケヤン★」というネーミングについては「どんなにカッコイイ名前を付けても100年、200年後にはダサクなる。それなら最初から思い切りダサイ名前にしようと思った」と青木は説明する。

仲間が年々増え、刺激し合い、次々と独創的な作品を生んでいる「イケヤン★」。なるほど、100年後にも、志は受け継がれ、名前も残っているだろう。

青木良太
Ryota AOKI

陶芸界を盛り上げるべく奔走する若手陶芸家の旗手

青木良太の手は緩急自在、縦横無尽に、「21世紀」の陶芸の誕生を予感させる作品を生み出してきた。金属製と見間違うばかりのメタリックカラーのワイングラス、赤ちゃんのしっとりした肌を思わせる質感の白い器シリーズ、溶岩のような凹凸が入った黒い器、金箔《ぱく》銀箔を貼り付けた茶碗といった器にとどまらない。髑髏《ドクロ》のオブジェまで手がける。

「自分が欲しいものを作っているだけです」。青木はさらりと言い切る。

　現在36歳。国内だけでなく、オーストラリア、ハンガリー、韓国、台湾など世界各地の国際陶芸展で賞を獲得し、作品は米国をはじめ多くの国のギャラリーから引き合いがある。今や日本を代表する若手陶芸家だ。しかし、青木が目指す「日本代表」はさらにその先にある。

「今の時代に世界で活躍している、という横軸の日本代表ではなく、縦軸での日本代表を目指したいんです。１０００年、２０００年後になって、２０００年代にどんな陶芸家がいたかと問われた時に、『日本には青木良太という陶芸家がいたよね』と言われるようになることが目標です」。青木の夢は時空を超える。

　青木が陶芸と出会うまでの道のりは平たんではなかった。大学受験に苦戦し、やっと受かった大学だったが、どちらかといえば遊びに精を出す日々を過ごした。20歳を迎えたある時、「このままではいけない」と自分を見つめ直し、卒業後の進路を熟考した。「1日のうち8時間は睡眠、8時間は仕事、8時間は好きなこと。そう考えたら『好きなことを仕事にできれば最高じゃん!』と思いました」

作家性を強く打ち出した一点ものの「Luxury」ラインと、より入手しやすい「食の器」ラインを展開している
photo by Hiroyuki Seo

金、銀、プラチナなど陶芸では使われることのなかった素材を自在にあやつる。誰も見たことのない美しい作品を常に目指し続けてきた

ファッションに関心があった。大学卒業まで服飾、アクセサリー作り、美容院でのアルバイト、と思いつくままに試してみたが、どれもしっくりこなかった。

　そんなある日、自転車で巡っていた雑貨屋で陶芸作品に出会った。その作品にはどこか魅かれるものがあった。「陶芸って渋いな。ひとつやってみるか」と、「軽いノリ」で陶芸教室の戸を叩いた。初めて土に触れ、湯飲み茶碗を作った。そこで「これしかない！」と強い衝撃を覚えた。自分のやるべきことは陶芸だと確信。デッサンを本格的に勉強して、岐阜県内にある職業訓練校に入る。卒業後しばらくは製陶所や深夜のコンビニでアルバイトをしていたが、「陶芸と心中する」覚悟を決め、現在の場所に工房を構えて作陶に集中するようになった。

　その工房は岐阜県土岐市の中心部からは離れたところにある。戦前は馬小屋だった建物を改造した。「最初は電気も水道もガスも通じていない何もないところからのスタートでした。現在は３台の電気窯と２台の薪窯を設置し、海外から招いたスタッフも含め、11人のスタッフとともに作業しています。とても静かな制作に集中できる環境で、僕はここを『〝精神と土岐〟の部屋』と呼んでいます」

　年間に約１万５０００種類にのぼる釉薬を試験する。渋い釉薬には手の跡の付いた茶碗、光沢のある黒い釉薬にはカチッとした形の花入れがいいんじゃないか——「素材が教えてくれる」と青木は断言する。金、銀、プラチナなど陶芸ではあまり扱うことのなかった素材も使用する。「これまで誰も見たことのない、新しくて美しいものを作りたいというのが根底にあります」。欲しいものを作るため、青木は貪欲で妥協しない。

　作陶の傍ら、陶芸界を盛り上げようとさまざまな活動にも取り組んでいる。２００８年から始めた「イケヤン★」はその一つだ。

「僕は20代の半ばで、自分の好きな作品だけを作って生活する、という夢がかないました。今はより自由になり、陶芸と楽しく幸せに生きています。その陶芸に一生をかけて恩返しをしたいと思っています。まずはもっと多くの若手陶芸家が交流して活躍の場が広がるようにと、「夏のイケヤン★」を開催しました。ここから日本の陶芸界は徐々に活性化していると信じています」と語る。

　最近は、海外の陶芸家にも目を向け始めた。「陶芸に特化したソーシャルネットワーキングサービス」と、「iPhoneの陶芸ゲームアプリの開発」という2つの企画を軸に、世界の陶芸家が集まる場所づくりを進めている。

「陶芸で食べていける国は、世界でも日本くらいのものです。海外では副職で生計を立てながら作陶している人が多く、個展などの機会もなかなかありません。そういう人たちはfacebookやツイッターに作品を載せていますが、広がりは少なく、一過性の情報として数日すれば忘れられてしまうんです」

そこで青木が２０１３年に作ったのが、「potter」というＳＮＳ(http://www.potter.cm/)。世界中の陶芸家が作品を投稿でき、ランキング機能もある。「いずれはここで作品の売買ができるようにしたいと思っています」とアイデアは広がる。

開発中のiPhoneのアプリ「I'm a potter」は、青木が使用している粘土や釉薬で、画面上に表れる、ろくろを使いバーチャルな陶芸作品を作るというものだ。３０００種類以上の釉薬を試

時代をも超越した「日本代表」になりたい

戦前は馬小屋だった建物を改装した工房。電気も水道もガスもないところから、すべては始まった
photo by Hiroyuki Seo

世界中の、そして1000年、2000年後の人たちにも愛され、使われる作品を目指す
photo by Toyomi Nakamura

し１００万種類以上の作品が作れるようになっている。ゲームで作った陶芸作品は「potter」に自動アップロードされ、ランキングがつく仕組みになっている。１位の座を射止めた作品は、１カ月に一度、青木自身が実際に作陶し、リアルな作品にして、その人にプレゼントする。

「具現化した作品は、『potter』で販売できるようにしようと思っています。たぶん50〜１００万円位で売れると思いますよ。そうなれば、色々な国の人たちが競って作品を作ってくれるでしょう。これが世界中でムーブメントになって、陶芸に興味がなかった人のわずか

1%でも関心を持ってくれたら、陶芸ファンが増え、陶芸家の作品が売れるようになって、陶芸界が活性化します。陶芸家が、小学生たちの憧れる職業になったら…と考えるとロマンチックですよね。そんな夢のために、今必死で制作しています」

普段は8時に起床、食事を挟んで午前9時から夕方7時半まで作陶し、ランニング。そのあとゆっくり風呂に浸かって本を読んだり、お酒を飲んだりする規則正しい日々。黙々とひたむきに、「自分が欲しいと思うものだけを作る」若手の陶芸家の旗手・青木良太。世界中の作家たちが青木同様、作りたいものだけを作って「ハッピーになれるように」走り続ける。

六本木ヒルズA/Dギャラリーの個展会場で、2012年

IKEYAN★ MEMBER

photo by Hiroyuki Seo

PROFILE

青木良太（あおきりょうた）
富山県富山市出身／1978年3月3日生まれ
2000年　豊橋創造大学　経営情報学部卒業
2004年　Ecole de arts decoratifs（スイス）に研修生として招かれる
HP＝http://www.ryotaaoki.com/
〈potter〉HP＝http://www.potter.com/

GALLERY_作品が買える/見られる場所

★ 陶林春窯
岐阜県多治見市白山町3-89
TEL：0572-23-2293

★ 桃居
東京都港区西麻布2-25-1
TEL：03-3797-4494

★ 小山登美夫ギャラリー
東京都江東区清澄1-3-2 7階
TEL：03-3642-4090

★ 季の雲
滋賀県長浜市八幡東町211-1
TEL：0749-68-6072

★ 工房IKUKO
岡山県倉敷市中央1-12-9
TEL：0864-27-0067

★ 六本木ヒルズアート＆デザインストア
東京都港区六本木6-10-1
六本木ヒルズ森タワーウェストウォーク3階
TEL：03-6406-6875

穴山大輔

Daisuke ANAYAMA

歴史に残る「心に届く器」を目指して

陶磁の歴史をはぐくみ、「瀬戸物」の由来にもなった愛知県瀬戸市の山々には、昔の陶器のかけらがあちこちに落ちている。そんな瀬戸の山に穴山大輔は、早朝から入り古瀬戸の陶片を探した。インディ・ジョーンズの宝探しのようで楽しかった。古瀬戸は穴山の心をしっかりつかんだ。

瀬戸の中でも古くから多くの陶工たちを育んできた赤津町。現在も多くの

古陶磁と肩を並べる器を目指す。現代の生活に寄り添ったカレー皿を代表作としてあげた

作家や窯元が工房を構えている。穴山はその赤津町で、昔の巨大な重油窯を備えた工房で妻と作陶に励んでいる。

もともと穴山はジュエリーに興味があり、彫金を学ぶため美大に入学した。金工、漆芸、彫刻、テキスタイル、さまざまな表現手法を学ぶ中で、「最も分からない」と感じたのが陶芸だった。授業で初めて作った施釉陶器は、まったく自分の思い通りにならなかった。シャープな印象の金属に比べ、土は「もったりとした」素材。どんなところに、人々は古くから魅了されてきたのか――。そんな疑問をもとに、2年生から陶芸を専攻した。

当時は横浜でトリエンナーレが始まり、現代アートが盛り上がりを見せていた時期だった。学生チームでインスタレーションを発表したり、ワークショップを開催する活動をしながら、

穴山が個人的に作ったのは白磁のオブジェ。陶は自己表現するための素材、と考えていた。美大卒業後は、陶芸とガラス工芸の人材を育成支援する瀬戸市新世紀工芸館に身を移した。当時のオブジェは、長三賞現代陶芸展や朝日陶芸展などで入選している。

穴山の作陶を「自己表現のオブジェ」から「うつわ」に変えたのは、古瀬戸との出会いだった。瀬戸市新世紀工芸館では講師に地元の作家をたびたび迎えた。先輩の作家たちが教えてくれた古陶磁は造形が素晴らしかった。ろくろの引きと削りだけで作られた古瀬戸はシンプルだが、穴山の心に「すっと入ってくるものがあった」という。その背景にある、古くは古代中国からつながる歴史もまた、深く面白かった。

古陶磁を追究しようと瀬戸の古窯はもちろん、国内外の産地にも足を運ん

一つだけでもいい。
古陶磁に匹敵するような器をつくりたい

全体の造形バランスを考慮しながらろくろをひく。料理を盛ったとき、土物の器にもかかわらず、軽快な上品さを合わせ持つ

瀬戸のやきものの歴史の正統を意識している。
昔の窯の陶片を探して歩くことも

だ。中国福建省には、山全体が陶片でできているような場所もあった。庶民が使っていた食器から王に献上された技巧を凝らした器まで、すさまじい数の失敗作が制作されて、その中からほんのわずかな歴史に残る器が生まれていくことを実感した。斬新なものは過去にもたくさんあるが、残るものはわずかだ。

そうして生まれた穴山の目標が、「穴山大輔」という名前を残すことではなく、古陶磁に匹敵するような、歴史に残る器を一つだけでも作ること。当面は、自分が〝端正で美しい〟と感じる黄瀬戸で、もう一つの憧れである伊万里焼のような、柔らかく薄い肌の作品を作ることを目標に据えている。その先にいつか完全にオリジナルの焼き物を作る。穴山にとって、土は自分を生かすものではなく、自分が生かすものだ。

穴山の毎日のモチベーションは、イケヤン★にも支えられている。日々作陶を続けるなかで、もうひと踏ん張りできるか、できないか? イケヤン★の仲間の存在があればこそ、オリジナルの器が完成する日を夢見て『頑張ろう』という気になれる」

30代手前にしてなんとか陶芸で安定した収入を得られるようになった穴山も33歳。この先の人生設計は具体的だ。まずは40代までに、「翠窯《すいよう》」の屋号で量産体制の工房を構えること。穴山以外の陶工のほか、絵付師も雇う。量産といっても、器の造りには妥協しない。

片口。現代の暮らしになじむ工夫が光る

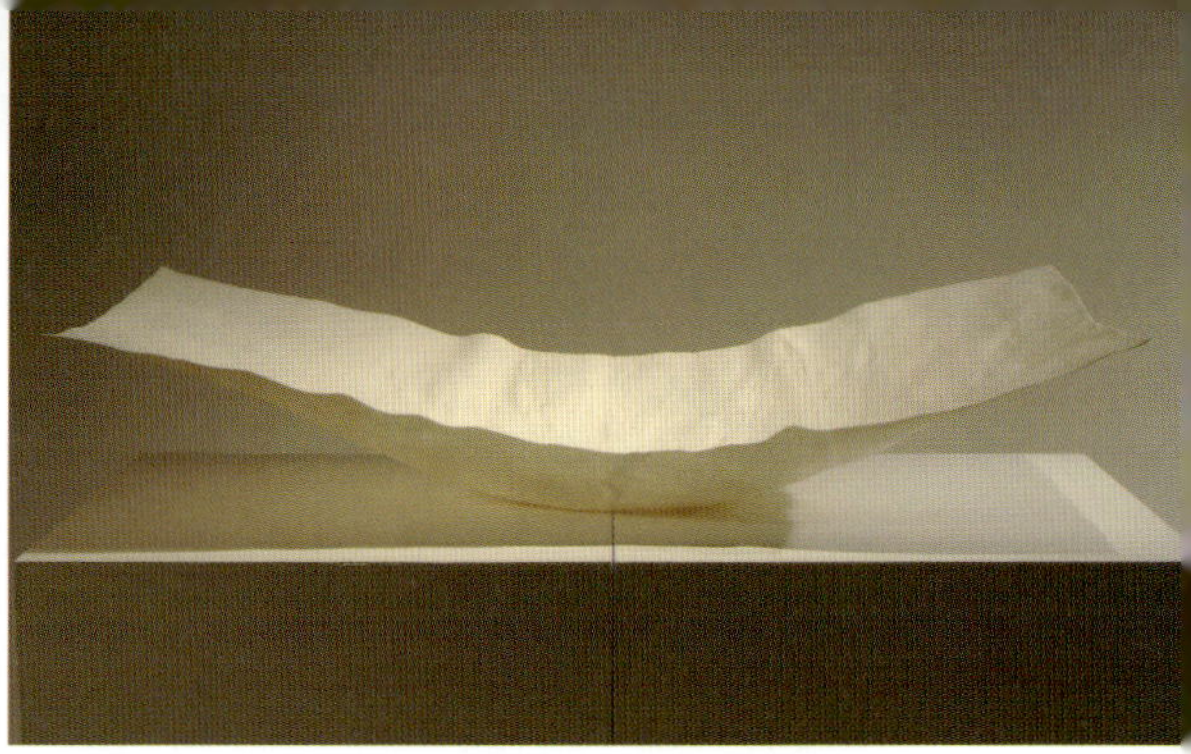

学生時代に制作したオブジェ。「磁器 03」幅約 120cm

細部まで計算し、薪窯でじっくり時間をかけ、絵の具も吟味したものを使用するつもりだ。「スーパーや１００円ショップで売られる量産の器にも、手になじみやすく良いものはあります。僕もよく買っている。でも一般家庭で考えても、食器棚の入れ替えをするときに、そういうものは捨ててしまったりするでしょう。そうではなく、手のかかった良い器を、数多く残せるよう作っていきたいんです」

　そして50代までに、器と料理の店を開く。「器の一番の現場は、やはり食卓の上。器はそれ自体の造形と、そこに載る料理と半分半分でできていると思います。生産、販売、そして使うことが一緒になれば、いろんな提案ができると思います」。窯芸研究所を設立し、料理家として料亭・星岡茶寮を出していた北大路魯山人がロールモデルだ。

　作陶のピークとして考えているのは60代。ここまでに歴史に残るオリジナルにたどり着けることを夢見ている。「オリジナル」の具体的なイメージはまだ浮かばないが、想定しているのは碗。これまでも、飯碗を特に数多く作ってきた。「碗は形を開けばお皿に、絞ればコップになる。基本の器です」

　現在の代表作として挙げている作品はカレー皿。これも飯碗を作りながら研究してきた基礎を形にしたものだという。楕円の湾曲した口の部分は厚み

灰釉の主原料となる灰を漉す作業

をしっかり計算し、高台も適切な高さに調整する。自分で山から掘ってきた土や、赤松の灰などの釉原料の良さを味わってもらうため、絵付けはしていない。

穴山の作る日常食器は、煮物でもサラダでも、どんな料理にも合い、毎日のように食卓にあげてもらえるものを目指して作られている。そしてどの作品にも通ずる目標は、「心に届く器」であること。

「ろくろ仕事はスポーツ的要素があり、一日作らないだけでも勘が鈍るので毎日制作するようにしている」と言う穴山。「離れてもその器のことばかり考えてしまうような、魂をつかむ器を目指しています」

もともと大きな重油窯があった工房を仕事場にしている。広さは魅力だが、冬は寒さに難儀する

IKEYAN★ MEMBER

PROFILE

穴山大輔（あなやまだいすけ）
栃木県那須郡那珂川町出身／1981年9月29日生まれ
2005年　東北芸術工科大学　卒業
2007年　瀬戸市新世紀工芸館 陶芸研修修了
現在　瀬戸市の工房にて作陶
HP＝http://www.suiyou.biz/

GALLERY_作品が買える/見られる場所

★ 陶林春窯
岐阜県多治見市白山町3-89
TEL：0572-23-2293

★ 松坂屋名古屋店南館6階アートプレース
愛知県名古屋市中区栄3丁目16-1
TEL：052-264-2731

★ ギャラリー芽楽
愛知県名古屋市名東区梅森坂1-903
TEL：052-702-3870

★ Ekoca
東京都渋谷区恵比寿1-21-18 圓山ビル2F
TEL：03-5721-6676

★ iremono
東京都世田谷区上馬1-15-3 三軒茶屋ビル1F
TEL：03-5787-5548

★ 愛知県陶磁美術館　ミュージアムショップ
愛知県瀬戸市南山口町234
TEL：0561-84-7474

最も数を作る朱泥急須。定番だが、作るたびに少しずつ進化している

人間国宝を祖父に持つ。でも、山田想は「目標という意識はない」と言い切る。「基本的には自分が気の向いたものを作りたい」

「六古窯」の一つで、平安時代末期ころからの窯跡が、今も数千基も残る愛知県常滑市。低温でも堅く焼き締まる赤い土が特徴的で、「朱泥急須」は、常滑焼を代表する逸品だ。

常滑焼（急須）で、1998年に人間国宝に認定された三代目山田常山《じょうざん》。蓋、注ぎ口、取っ手、どれをとっても繊細な造形と、湯切れなど使用感のよさで、国内外で高く評価されている。常山窯は現代の常滑焼を代表する窯のひとつだ。山田想は、三代目常山の孫で、四代目常山の長男にあたる。

釉薬を窯変させているのが特徴の「青」シリーズ

陶は生まれたときから、すぐそばにあった。山田家の庭には今でも、想が3歳くらいのころ作った陶器の動物が転がっている。ところが、想はすんなりと作陶の道に入ったわけではない。

小学生のころには次第にものを作るのが嫌いになった。父からも「お前はもの作りには向いていない、窯を無理に継ぐこともない」と言われた。とにかく、他人から「何かをやれ」と言われてやるのが大嫌い。高校は1年生で中退した。その後の数年間、自分は努力も我慢もできない人間ではないか、と気づくなかで、自分にとって一番入りやすい世界は「陶芸」だと思い、作陶の道へ。

作陶を学ぶなら「まず外で」、と父に

名窯の若き跡継ぎが重ねる研究と努力

山田 想

Sou YAMADA

言われ、名古屋市内の陶芸教室に通った後、21歳で常滑市立陶芸研究所に入所する。

祖父や父が作陶する姿はずっと見てきたが、陶芸家を目指す同世代の人間に会うのは初めてだった。志の高い研究生が集まるというイメージを持っていたが、研究生では、高いレベルの作品は作れないのが現実。

だからこそ、自分にもチャンスがあるかもしれないとも思ったが、一年間の研修期間では自分の方向性までは見出せなかった。

転機が訪れたのは、陶芸研究所を出てからだ。岐阜県多治見市に仕事場として共同工房を借り、作陶を始めたが、そのころ出会ったのが青木良太だった。

常識が覆された。想はそれまで「個展が開けるのは30歳くらいから」と思っていたが、青木はほとんど同じくらいのキャリアですでに個展を開いていた。さらに作品のレベルに見合った金額に値付けするスタイルは、相場や年功序列にとらわれていた想に衝撃を与えた。

青木たち美濃の若き陶芸家に、想は自身のあるべき姿を見いだした。「陶芸家って、もっと自由でいいんだと思いました」。2歳年上の青木を、2年後

定番のようでいて、常に違うスタイルを求めて

五代続く常滑の常山窯の登り窯

主に玉露用に使われている小ぶりの後手急須。中国茶や紅茶にも用いられている

に自分が追いつきたい「ロールモデル」に定め、作陶に挑むようになった。しかし、現実は甘くはなかった。多治見で作った作品はどれも発表には至らなかった。再び迷い悩む日々が続いた。

〝最後の手段〟として24歳で常滑の実家に戻る決意をする。初めて、祖父から急須作りを教わった。三代目山田常山が亡くなったのはその翌年。陶芸の道のスタートはゆっくりだったが、タイミングには恵まれていた。

25歳で、祖父、父との三代展でデビュー。その翌年に常滑のギャラリーで初めての個展を開くことができた。その後順調にステップアップし、3年後には銀座・黒田陶苑で個展を開いた。

想が現在の自分の名刺がわりとしてあげる作品は、山田家らしい朱泥急須だ。焼き締め、古代ペルシア陶器のような焼けの「青」シリーズ、急須以外に食器、酒器、花器も制作しているが、基本はやはりこの朱泥急須だという。

「山田家というブランドを背負っている以上、急須が最も人に見てもらいやすい作品であり、急須づくりを通して修業しています」

とはいえ、常山窯の名に安穏とあぐらをかいてきたわけではない。

「最初に作品が売れるようになったきっかけには、〝人間国宝の孫〟であるということがもちろんあった。ちょうど若手陶芸家がもてはやされていた時期で、陶芸家っぽく見えないやつが陶芸

「青」シリーズは薪の窯で窯変させ、さまざまなニュアンスの青色が景色をつくる

をやっている面白さもあったと思います。でも、成長する様子をお客さんに楽しんでいただけるようでなければ、いずれ見放されてしまう。陶芸家は人気商売です。長く続けるためには何をしなければいけないか、常に考えています」

陶芸家になると決めてから「作る以外の時間」も大事にしてきた。売れている陶芸家の個展があれば足を運び、その人と作品とを見る。どんな作品がどのように売れていくのかを観察する。他の陶芸家との飲み会があれば最後までその場に参加し、話を聞く。

売れるものとは何かを追究し、“爺くさくない”“定番のようで常に違う”朱泥急須を作っていきたい。

「万人受けするものではないかもしれないけれど、気に入ってくれる人が増えたらうれしいです」

現在は東京と名古屋を中心に、年に4、5回個展を開き、顧客を増やしている。「お客さんに成長している姿を見て

焼き締めの急須。薪の窯で焼成する

もらってきたからこそ、急須自体の需要が年々減っている中で、僕の急須は売り上げを伸ばしています」

想はさらに続けた。

「普段使いの急須は3000円を超えればなかなか買ってもらえないようですが、僕が作る急須はさらに高額です。それでもなお、お客さんが買ってくれるものを作り続けたいのです」

IKEYAN★ MEMBER

PROFILE

山田 想（やまだそう）
愛知県常滑市出身／1979年9月4日生まれ

2002年	常滑市立陶芸研究所　修了
2004年	多治見での制作期間を経て 実家の常山窯で修業
2005年	初個展
現在	常滑市の工房にて作陶

GALLERY_作品が買える/見られる場所

★ 銀座 黒田陶苑
東京都中央区銀座7-8-6
TEL：03-3571-3223

★ 常滑市 陶磁器会館
愛知県常滑市栄町3-8
TEL：0569-35-2033

★ 方円館（常滑焼セラモール）
愛知県常滑市金山上砂原123
TEL：0569-43-7101

★ 常滑焼　まるふく
愛知県常滑市原松町6-66-1
TEL：0569-35-2241

★ 愛知県陶磁美術館
愛知県瀬戸市南山口町234
TEL：0561-84-7474

★ ギャラリーうつわや悠々
京都府木津川市州見台7丁目1－21
TEL：0774-72-6967

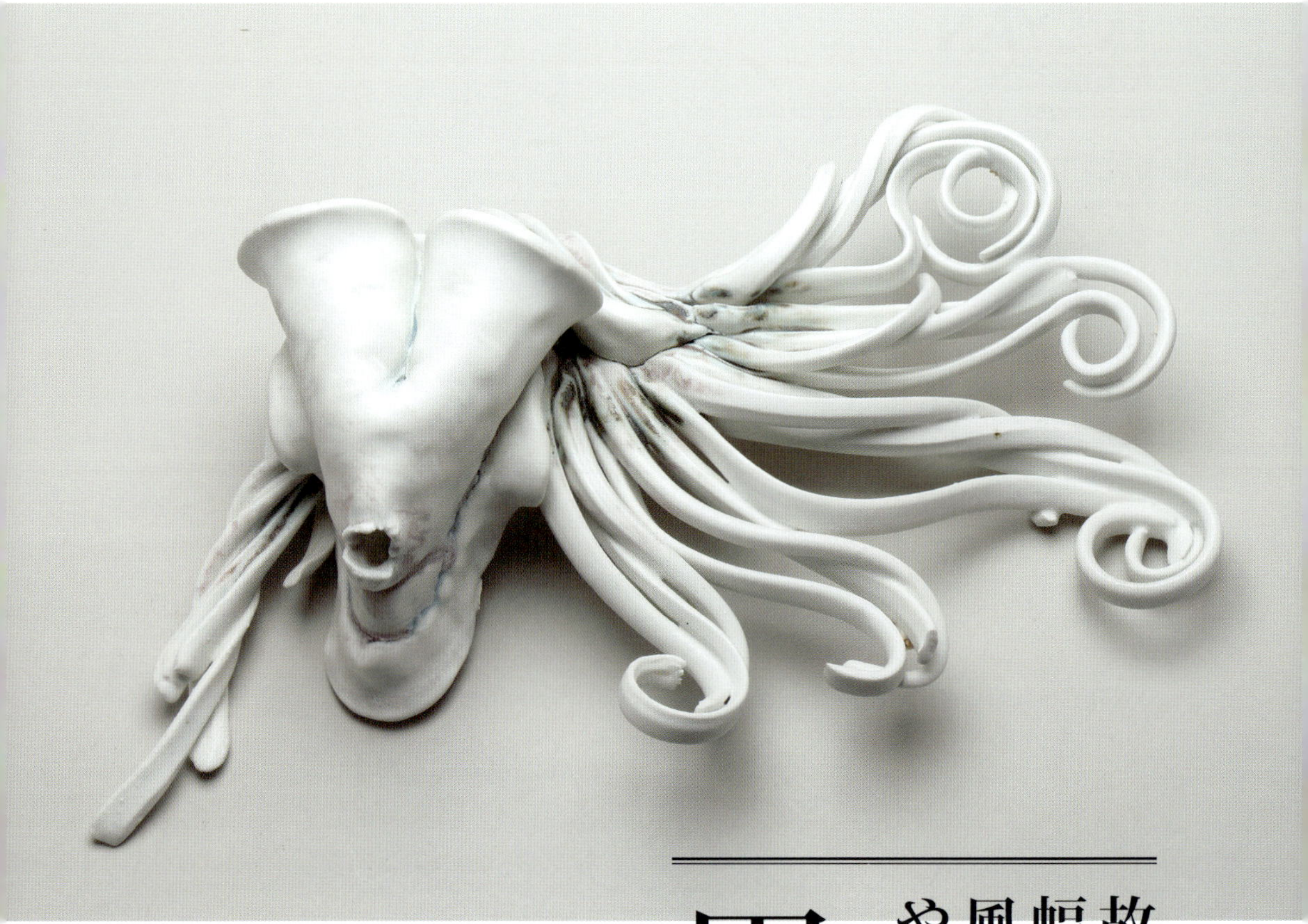

秋田県中央部にある上小阿仁村に、かつて住んでいた生物を空想して制作したマスク。陶芸で得たテクニックが随所に生かされている

故郷の地で幅を広げた風土を表現するやきもの

田村一

Hajime TAMURA

秋田の冬は、どんよりとした暗い雲に覆われる。その空の下、夕刻の雪原は、灰白色から淡い青へと次第に色を変えていく。「故郷の空や雪の美しさ、山の緑の濃さ。そんなものが作品にも、色として表れてきているんです」。田村一はそう語る。

作陶を始めたのは大学生のとき。音楽サークルで知り合った友人から、ろくろを回し、音楽が聴け、酒も飲める、と誘われて、早稲田大学美術研究会陶芸班（現・稲穂窯）に顔を出したのがきっかけだった。初めて回してみたろくろは、全くうまく扱えなかったが、悔しい気持ちから陶芸にのめり込んだ。一方で研究者になりたいという気持ちも強く、アフォーダンス（人や動物と環境との物理的な相互作用を研究する認知科学の分野）の研究で大学院に進んだ。しかし、周囲の学生ほど研究熱心になれないことに気がつき、陶芸を生業とする選択をした。

大学院修了後しばらくは、ビル清掃、家庭教師、雑誌編集、陶芸教室の雑用などのアルバイトで生計を立てながら、東京で作陶した。フリーマーケットや陶器市で作品を販売するうちに、栃木県・益子町のカフェギャラリーから声を掛けられる。アルバイトと作陶とを掛け持ちする生活に苦しさを覚えるようになっていたこともあり、28歳で益子への移住を決意。製陶所の跡地を数人で共有する工房で、本格的な作陶を開始した。

素朴な土の風合いが特徴的な益子焼の産地は、国内外から数百人の陶芸家が集まる自由な気風の陶芸の里。手仕事の日用品に美を見出す民芸運動を主導した、人間国宝・濱田庄司が移り住

成形はろくろで。作品に使う天草陶土は可塑性が高く、大らかな造形につながるという

んで以来、特に日用食器がメーンに作られている。田村も、飾り気のない、健全な器を作ろうという意識には賛同していたものの、いつかはここを離れるのだ、という気がしていた。関東のからりと晴れた冬の空は明るすぎて、故郷・秋田の厳しい自然が恋しくなっていた。

秋田に拠点を移すことを決めたのは、2010年の夏。個展を開いていた秋田のギャラリーのオーナーから、空き地にアーティストのアトリエを建てたいという地主がいると紹介された。そこは秋田市のはずれ、まさに”辺境“の地。あと200mほど行けば、家を建てることができないエリアだった。しかし、実家から15kmほどのその場所は、田村にとっては子どものころから馴染みがある空の色をしていた。

翌年、建てた約5・4メートル×7・2メートルの小屋に、寝室となるロフトをつけた住宅兼工房を構えた。目の前は川、すぐ裏手の太平山では山菜が採れ、酒の肴になる。冬になれば大量の雪が降り積もる。静かで音に気を使わなくてもいい環境は理想的だ。朝から晩まで作陶に励み、作業を終えた深夜に映画を見たりギターを弾いたりと、今も自由な暮らしに身を置く。

秋田に戻ってオブジェを作る機会が増えた。「今の陶芸界では、『普段使い』の器を作ることが、作家の健全性の担保だと思われている節があるような気

脚の丸い膨らみの中に玉が入ったグラス。お代わりのときに鳴らしてほしい、という遊び心

がします。特に益子では、それを顕著に感じました。では用途のはっきりしないと言われるオブジェを作るのは不健全なのか？と言われると絶対にそうではないはずです」

代表作品として挙げた作品は、２０１２年から秋田県の中央部にある上小阿仁村で開催されている芸術祭「KAMIKOANI PROJECT」に出展したマスクだ。人口２５００人あまりのこの小さな村にかつて住んでいたであろう、生き物の姿を空想し形にしたものである。ろくろで挽いた陶板を折り畳むようにして凸凹をつけ、角や髪の毛のように見える部分は、マグのハンドルを作る要領で粘土を伸ばして作った。「彫刻的な作り方ではなく、あくまでも陶芸的に作ろうと心がけている」

田村は、白く可塑性の高い天草陶石を、東京時代から15年以上使用してい

普段使いのティーカップ。色のついた作品は、秋田に来てから作り始めた

〈普段使い〉の器を作ることは、作家の健全性を担保しない。正解はひとつと思わずに、"わがまま"に作品を作りたい

る。「天草の土と自分の挽く、ろくろの組み合わせだと磁器特有の冷たさのない、とてもおおらかな造形ができるんです。土が『こうしろああしろ』と形づくりのポイントを自ら教えてくれる。この道具と素材でどんな表現ができるか、なぞなぞを解いていくような感覚で向き合っています」

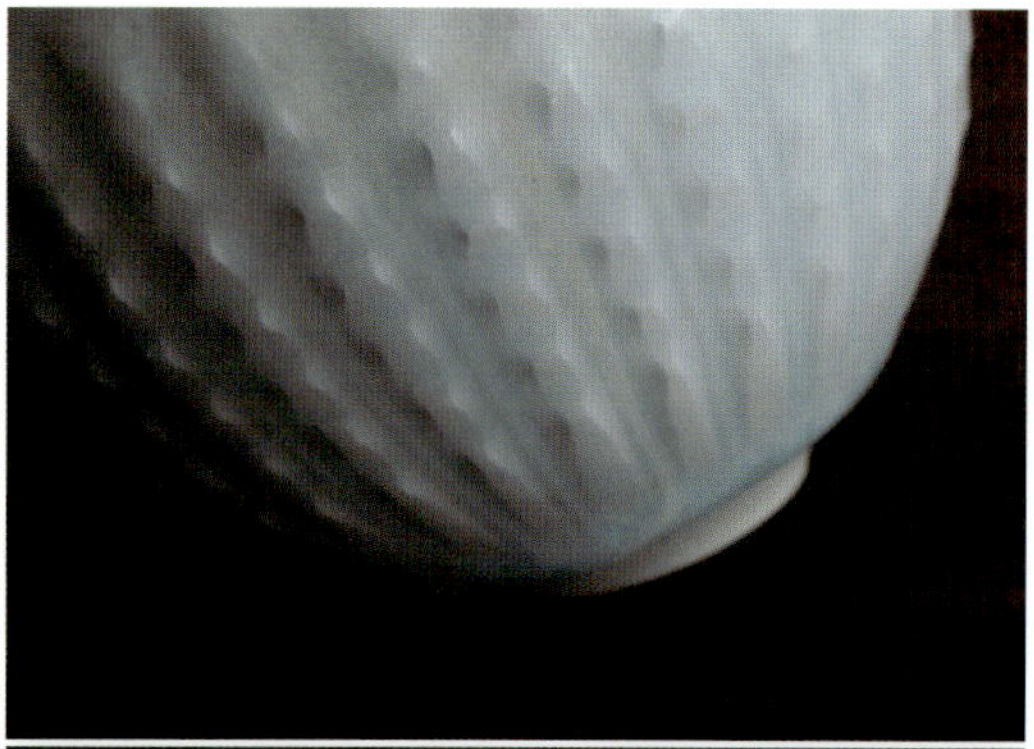

上／表面を彫り、模様をつける「しのぎ」は田村が得意とする技法
下／貝焼き（かやき）鍋。帆立貝の殻から得た着想を「しのぎ」技法で表現

　器の作品も、秋田に戻ってきてから幅が広がった。たとえば素地に顔料を練り込んで色をつけたもの。土に赤い顔料を練り込んで着色したカップ&ソーサーや、グレーの顔料を混ぜて青の釉薬をかけたグラスなど、やはり北国の深く暗い自然を思わせる、さまざまな色彩を試している。

　代表作「貝焼《かや》き鍋」は、秋田の郷土料理「貝焼《かや》き」（魚醤、しょっつるで味つけた鍋料理）をイメージしたもの。祖父から聞いた「昔は30㎝くらいの大きな帆立貝の殻に材料を盛って、直接火にかけて食べていた」という話をヒントに、貝殻を模した彫りを入れた。「自分なりに探求してきたしのぎ（作品の表面を彫り、模様をつけること）の技法と用途とがマッチした、自分の最高傑作のひとつだと思っています」

　もともとおいしいものを食べるのが好きで、器は食卓をにぎやかにする工夫を凝らし、楽しんで作っている。グラスの持ち手には、おかわりのときに鳴らしてもらえるようにと、振ると、コロコロ音が鳴るように玉を入れた。料理を口にするときは、その料理を盛るのにどんな器がよいか、思考を巡らせる。

IKEYAN★
MEMBER

PROFILE

田村 一（たむらはじめ））
秋田県秋田市出身／1973年8月19日生まれ
2000年　早稲田大学大学院 修了
2002年　栃木県芳賀郡益子町に移住し、作陶
2011年　秋田県秋田市に戻り、現在に至る

tumblr＝http://calmdown1.tumblr.com

GALLERY_ 作品が買える/見られる場所

★ まど枠
秋田県秋田市大町３-1-12
TEL：018-827-6212

★ graf
大阪府大阪市北区中之島4-1-9
TEL：06-6459-2100

故郷で作陶を始めるまでは「１００ｍ走を延々と全力疾走しているような感じで作品を作っていた」が、自分の足がしっかり地面に着く秋田では10年後、20年後にどういった陶芸家になれるかをイメージしながら、作品に向き合えるようになった。

「秋田は焼き物産地ではないので、陶芸やその他の工芸作品に触れられる場所が少ない。他地域の作品を秋田に紹介することも自分の役割でしょう。今後は作品を発表できるギャラリーを運営することなども計画しています」

作陶の傍ら、「創作活動を目指す地元学生や作家たちにも刺激を与えていきたい」という。秋田に根付き、秋田の陶芸界のリーダーになろうとしている田村。秋田の空の色に染まってきた。

自分で設えた工房「nesta」内のろくろスペース。普段は朝から、２度の食事を挟んで晩まで制作。個展の前などは、明け方まで制作を続ける

山下紫布

Shinobu YAMASHITA

艶やかに花々を描く
モダンな九谷焼

艶のある黒地に、菊、桜、梅、鉄線、牡丹、極楽鳥花など花々があでやかに力強く描かれている山下紫布の器。代表作の飾り皿の銘は「ももん」、模様紋様を略して名付けた。

「中心点から紋様を同心円状に描いていくのが、私の得意とする図柄です。ガラス質でふっくらとした九谷の和絵具と、平面的な洋絵具とで立体感の強弱をつけながら30種類ほどの色を使い、器が着物をまとったように輝かせたくて、金彩をあしらいました。ポイントには地色と同じ黒を使ってシャープに引き締めています」

和絵具と洋絵具をとりまぜ、約30色を使い分ける。地色やポイントで艶のある黒を使うのが山下流

「日本人なので『和』を意識したものづくりをしていますが、この作品は曲線と直線をシンメトリーに描いた、曼荼羅《まんだら》のような模様。和でありながら、どこか異国を感じさせるような、不思議な世界観に仕上げました」

山下のモチーフは現実にある花だけではない。夢に見た花や、想像の花、花にまつわる葉や蝶も描く。「作品の構図は素地を買い付けたり、オーダーする時点で、ふんわり決まっています。最初に器をじーっと眺めて、〝エアー絵付け〟というような感じで頭の中で構図を描く。それから実際に作品づくりにかかっていきます」

作るアイテムは、大皿だけでなく、

代表作の飾り皿〈ももん〉。銘は模様文様の略。「丁寧に、息を吹き込むように、手に取った人の心が動くような」ものづくりを心がけている

花器や豆鉢、香炉などさまざまだ。いずれも、山下がテーマとして掲げている「古き良き日本」を表しているようで、エキゾチックにも見える独特の雰囲気がある。大正ロマンや昭和ハイカラの着物や帯の色、柄が好きで参考にしている。アールヌーボーの自由で伸びやかな曲線も好きだという。「好みの色や形に出会ったときは、模写するのではなく、目で見てイメージだけを頭に残すようにして、作品に取り込んでいます」

牡丹、イトギクなど古き良き時代の文様が誘うネオクラシカルな世界

九谷焼の産地、金沢で生まれ育った。陶器市に出掛けては、数百円のぐい呑みを買ってもらいコレクションするような小学生だった。高校生の夏休み、金沢の卯辰山工芸工房で市民向けの「ろくろ体験講習」に友達と参加。初めて触った素材の土は気持ちよく、「これは面白い」と思い、金城短期大学の陶芸コースに進学を決めた。短大の2年間ではもの足りず、さらに九谷焼技術研修所に進学した。

九谷焼は、器の造形をする素地師と上絵付け職人とが分業し、それぞれ発展してきた。研修所の卒業生は地元の製造卸問屋に就職、いずれかの職場に就くのが定番のコースだった。山下も問屋の絵付場に就職を決めたが、これからずっと人から言われたものを作るのか、と思うと違和感があった。自分には「まだまだ作りたいものがあるし、この先まだ腕も上がるのではないか…」

就職先では、売り上げの良い花の絵付けを中心に作業した。季節の花から山野草までさまざまな種類の花を、花屋で観察したり、図書館で調べて描いたり。自分の名前で出していた作品もある。「少し手間をかけて、好きな絵を描いていいよ」と言われ、作り出した菊の模様花は、現在も「からはな」という名で作品の柄に使用されている。

とはいえ、自分の作品制作や個展などの活動ができる時間はなかなかとれず、4年後に独立。県立の自立支援工房で作陶を始めた。最初のうちは元の勤務先からの仕事が多く、なかなか自分の作陶ができないこともあったが、自身のやりたいことをはっきりと口に出し、作家活動を軌道に乗せた。その年、石川の現代工芸展で受賞。日本橋、横浜、大阪の髙島屋で個展を開くなど、実績を積んできた。自立支援工房を満期退室することになった30歳の年、結婚で東京に移住。以来、東京の自宅で作陶を続けている。

自宅の1階、約9畳のスペースが現在の作業場。自宅での作陶は、好きな時間に作業に取りかかれるメリットはあるが、「他人の目がないので、怠け心が出るとついダラダラしてしまいます」。口ではそう言うものの、フランス・ナンシー市の国際交流祭で実演販売したり、以前と変わらないペースで個展を開いたり、「毎日クタクタになりながら」、家事と両立させ精力的に活動している。

金沢を離れる1年前に初めて参加したイケヤン★の巡回展にも加わり、各地で作品を紹介することができた。「陶芸仲間の結婚式3次会のお店と、金沢で個展をしていた青木良太さんのパーティーの会場が偶然同じだったんです。そこで良太さんに誘われ、九谷の仲間たちとバスをチャーターして「夏のＩＫＥＹＡＮ★」に参加しました。九谷以外の大勢の若手作家に会うことができ、皆の作品や交流する様子をギャラリスト

自宅の作業スペースには、制作中の作品が所せましと並ぶ

右／菊の文様花であるオリジナルの絵柄〈からはな〉が描かれた花器。左／柄違いの豆皿。大正ロマンや昭和ハイカラの着物や帯の色、柄にも影響を受けている

の方々が温かく見てくれていることにびっくりしました」

結婚後2年して子どもに恵まれ、現在は育休中だ。「今は小さい娘に心と時間をがっちりつかまれているので、しばらくはお休みです。出産、育児でいったん作業から離れたことで、リセットされてしまったような感覚もありますが、少し手が離れたら、しっかりと集中して作品づくりにかかりたい」と、作陶への意欲は強い。

「やりたいことはまだまだたくさん

IKEYAN★
MEMBER

PROFILE

山下紫布（やましたしのぶ）
石川県金沢市出身／1981年３月８日生まれ

2001年　金城大学短期大学部美術学科
　　　　陶芸コース　卒業
2004年　石川県立九谷焼技術研修所
　　　　研究科卒業、九谷焼製造卸元に就職
2008年　石川県立九谷焼
　　　　技術者自立支援工房 入室
2011年　石川県立九谷焼技術者
　　　　自立支援工房 満期退室
現在　　東京で作陶（育休中）

GALLERY＿作品が買える/見られる場所

★ 禄 ROKU
東京都港区赤坂9-7-1　東京ミッドタウン
ザ・リッツカールトン東京 45階ロビー階
TEL：03-3423-0006
http://www.roku-shop.com

★ 縁煌　enishira
石川県金沢市東山1-13-10
TEL：076-225-8241

★ 野村右園堂
石川県金沢市兼六町2-3
TEL：076-231-5234

あります。これまで絵付けをメーンに作家活動をしてきましたが、陶芸にひかれたきっかけは成形の面白さでした。そのうち土も触りだすと思いますし、ニューヨークで個展を開くのも夢です。とにかく楽しく、家族と陶芸と暮らしていきたいです」

　山下の頭の中に〝新たな夢の花〟がゆるやかに描かれ始めた。

幼いころから青色にひかれた。一番きれいで、心に引っかかる色。うれしい青、悲しみを帯びた青…。石黒剛一郎は、今も青にこだわり続ける。

鉄を含んだ釉薬を使う、翡翠《ひすい》色の焼き物「青磁」は古代中国を起源とする。もともとは宗教的な儀式に使われた青銅器をかたどって作られ、皇帝たちに愛された高貴な器だった。

石黒が作る器は、この青磁の作品だ。愛知県瀬戸市の閑静な住宅街にある、移転した陶器工場の一室を、妻の桑田智香子（P86）と共有し作陶している。

石黒の実家は工芸好きだった。居合道をやっていた父は、部屋で日本刀を手入れし、美術館巡りが趣味の母は、石黒を連れてよく美術館に行った。母は器好きでもあり、家には染付の器がいろいろ揃っていた。

大学は、「ものの根源が知りたい」と物質工学科に入学。卒業後は半導体メーカーに就職したが、3年勤めて、「自分が生涯やりたい仕事ではない」と気づいた。本当にやりたいのは、手を動かす単純作業ながら、心静かに長く没頭できるような仕事…。趣味で習っていたガラスのバーナーワーク（バーナーの炎でガラスを溶かし、成形する技法）や象牙彫りなど、さまざまな候補を検討した結果、陶芸に行き着いた。子どものころに母と見た陶芸作品や、学生時代に、東京・上野の博物館で見た古い陶磁の残像がよみがえった。

貫入のはいった急須。用途を問わず、和洋中さまざまな喫茶のシーンで使われている

12世紀、宋代の中国で全盛を迎えた青磁。官窯で作られ、高貴な人々のものであった青磁を、普段使いできるものにしたいと願う

石黒剛一郎

Goichiro ISHIGURO

「心を映す」普段づかいの青磁

25歳で、基礎から陶芸を学べる瀬戸窯業高等学校の陶芸専攻科に入学。当時、三重にあった実家から片道1時間半かけて2年間通った。修了後は岐阜県多治見市の製陶所に勤務。自身の作品作りに割く時間はなかったが、さまざまな施釉や窯詰めを経験し、新たな表現方法も学ぶことができた。

2年後、現在の場所に工房を構え、独立した。しかし、作陶だけでは生計が

立てられず、平日はハローワークで見つけた自動車部品の塗装工場に勤務。昼勤と夜勤が週替わりローテで回ってくる仕事と、作陶との掛け持ちはつらかった。

あきらめなければ活路は開ける。多治見の製陶所時代から、時々一緒にテニスを楽しんでいた青木良太から、イケヤン★設立の話を聞く。２００７年の初回から参加し、オーディションに合格してイケヤン★のグループ展に出品。これがギャラリストやバイヤーとの出会いのきっかけとなり、販路が開けた。作品販売が軌道に乗り、２０１１年には塗装工場を退職、作陶に専念できるようになった。

石黒の青磁は、数種類の釉薬を使い分けて作られている。メーンで作っているのは、瀬戸窯業高等学校の修了研究で自作した青の釉薬。つるりとした肌

心静かに長く没頭できる作陶を目指して

酒器はお得意のジャンル。本人は日本酒を中心に嗜む

見るたびに印象を変える青磁の青。高い精神性をあらわす発色を求め続けてきた

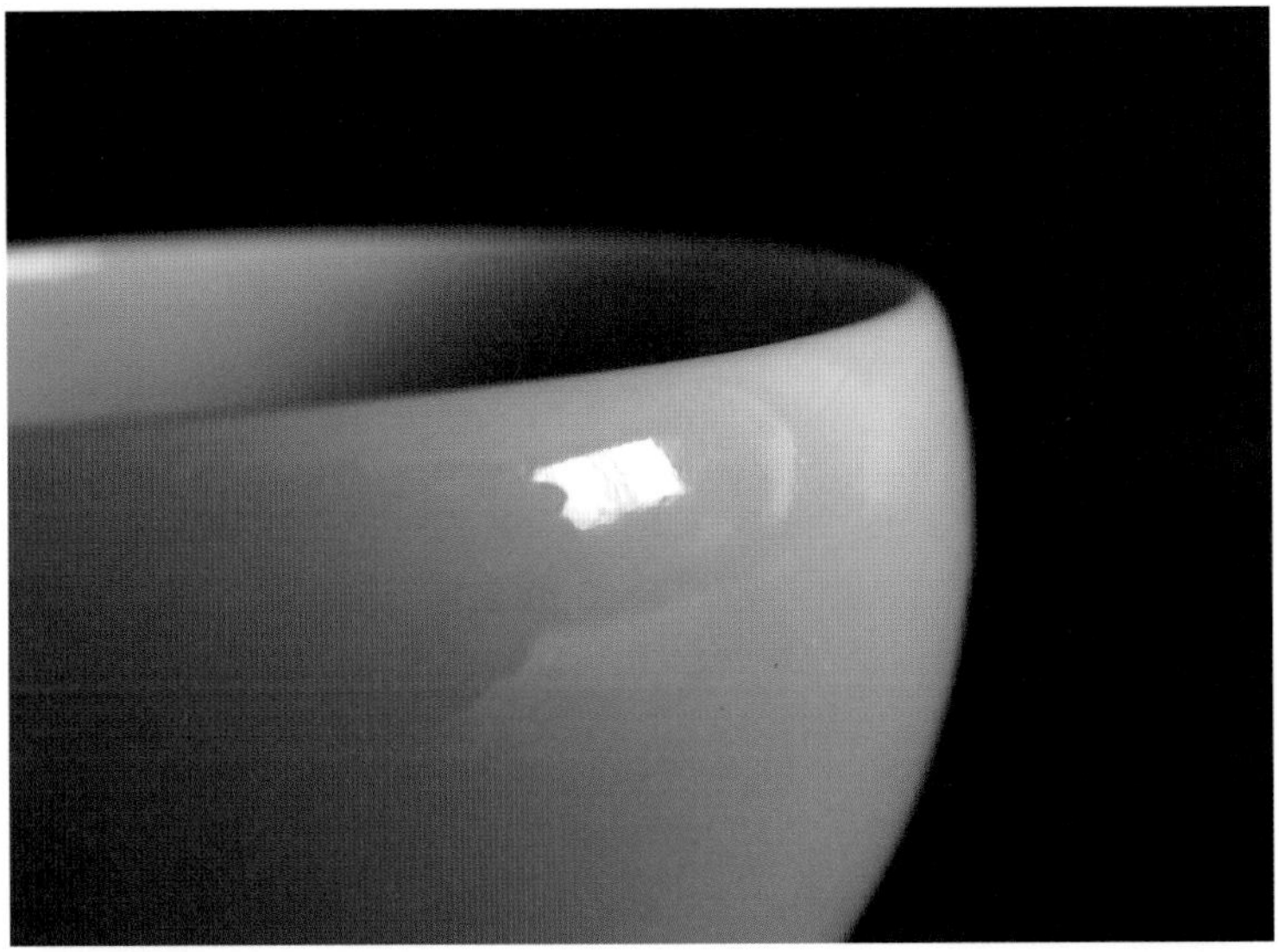

の器ができる。この他に、陶土と釉薬の収縮率の差によって、表面にひびを生じさせる「貫入」の作品も、同じくらいの割合で作っている。

青磁の陶芸家は、茶道具や花器、大皿などの工芸品を作る人が多く、石黒のように日用食器を作る陶芸家は珍しい。作陶のテーマは幼いころからこだわった青。いつもそばにあって、うれしいことがあった日、悲しいことがあった日、何もない日、とその時々の気持ちで見え方が違うような「心を映す青だ」。だからこそ、日常的に使う、食べるための器に基本をおく。

妻と1週間交替で台所に立つ石黒は、料理が得意。食べたいものをイメージしながら器を作る。「青磁には和食がよく合うので、和の料理を想定することが多いです。特に僕は豚の角煮が好きなので、角煮を頭に浮かべていることが多いかな(笑)。代表作にあげた作品(P39)は、台湾の、豆腐のプリンのようなスイーツ、豆花をイメージして作ったものです」

とはいえ、実用性だけを重視しているわけでもない。「現代の生活で使いやすいものを心がけて作ってはいますが、あまりお客さんから細かい注文を受けていると、バランスが崩れ、見た目も良

青色は釉薬への還元作用によってもたらされる。使うのはもっぱらガス窯

歴史や古代遺物にも関心を寄せる。奇をてらわないオーソドックスな造形も魅力

いものにならない。自分の作品を振り返り、ラインナップを考えて、足りないものを自己の判断で作るようにしています」

同じ工房で、背中合わせに作陶している妻からの影響も少なくはない。二人の作品は近ごろ似てきたと言われることがある。「それはそれでまた良いことだ」と石黒はいう。実際、作品の大きさや使い勝手については、お互いの意見を求めることも多い。「磁器は特に、口の部分をきれいにつなげるなど成形を丁寧にすることや、仕上げをきめ細やかにすることなど、きっちりと作ることが重要です。そういう面は妻の仕事を盗み見て、改善してきました」

　意見を求められれば伝えるが、あくまでお互いの自由な作陶を尊重する。そんな二人の関係は〝同志〟なのか〝ライバル〟なのかと聞くと、「どちらかといえばライバルです」との答え。クラフトフェアなどに夫婦で出展する時は、売り上げの少ないほうが帰り道の運転を担当し、多いほうが〝勝利の美酒〟を味わうのだという。同じく瀬戸で作陶する穴山大輔（P14）夫妻との行き来も多く、互いに刺激を受け合っている。

　釉薬、素地（粘土）、焼き。三つの組み合わせから、無限の数の青色が生まれる。石黒は、自らの心を満たす青の器で、勝利の美酒を味わう日に思いをはせる。


現代の生活が求める使いやすさを念頭におく

IKEYAN★ MEMBER

PROFILE

石黒剛一郎（いしぐろごういちろう）
愛知県豊橋市出身／1977年4月24日生まれ
2000年　東京電機大学工学部物質工学科 修了
2005年　瀬戸窯業高等学校陶芸専攻科 修了
2007年　多治見市の製陶所勤務を経て、瀬戸市に工房を構え現在に至る

GALLEY_作品が買える/見られる場所

★ アートサロン山木
大阪府大阪市北区西天満4丁目7-17
TEL:06-6363-5866

★ うつわやハーフロータス
岡山県岡山市北区丸の内2-12-14
TEL:086-206-5733

★ 工房イクコ
岡山県倉敷市中央1丁目12-9
TEL:086-427-0067

★ 楓
香川県丸亀市飯山町東小川西1252-1
TEL:0877-85-8023

★ ヒマール
山口県岩国市今津町1-10-3
TEL:0827-29-0851

津田友子

Tomoko TSUDA

「育てながら育つ」やさしい器

働く女性にとって、妊娠・出産と仕事との両立は大きな課題だ。女性陶芸家にとっても同じこと。津田友子が妊娠したのは２０１１年の第１回イケヤン★巡回展の期間中だった。妊娠中に作陶はできるのか？　産後いつから再開できるのか？　多くの不安を抱えながら、出産１週間前まで土と向かい合ってきた。

津田の器は、16世紀後半に京都の職人・長次郎が千利休の指導で創始した

「楽焼」だ。短時間・低温で焼成する楽焼は「ステーキの焼き具合で言えばレア」と言われ、厚くざっくりとした荒い土肌が特徴だ。産後の授乳期間、津田は長く親しんできたはずの楽焼の感触に、吐き気を覚えた。けれど、授乳期を終えた後は吐き気も生理的嫌悪感も去り、育児と作陶を両立させている。共通のキーワードは「育てる」。どちらにも津田の愛情が注がれる。

津田はすんなりと陶芸の道に進んだわけではない。学生のころは海外旅行の添乗員に憧れていたが、思い描いていたイメージと実際の職務との乖離《かいり》に気づいた。だが、どんな仕事をしたいのか思い浮かばず、たまたま声を掛けてもらった繊維業界で営業事務の仕事についた。

20歳を迎え、このままで良いのだろうかと疑問を抱く。植物園でデッサンをしたり、京都の寺社仏閣を巡ってみたり…と自分探しを続けていたある日のこと。清水寺を参拝後に立ち寄ったあるギャラリーで、清水焼の器に出会った。その器を特段気に入ったわけではなかったが、「陶芸はどうだろう」とひらめいた。瞬間、清水の坂から一望する京都の景色はそれまでと違って見え、深く胸を打たれた。

あちこちの門をたたいてみたが、芸大卒でもなければ陶芸家の娘でもない津田を、どこも受け入れてくれなかった。それでもめげずに、「焼き物の世界に入りたい」と大きな声で言い続けたと

毎朝4:00に起床。娘を起こす7:00まで集中して作業に取り組む

急熱急冷で焼成する楽焼。「使う人のしぐさをしなやかに、美しくみせる器であること」をテーマに掲げる

作陶と子育てを両立させる日々。そんな日常をブログに綴る
(http://ameblo.jp/r303pet)

ころ、楽焼の窯元・楽入窯《らくにゅうがま》の三代目吉村楽入から「何でもできますか？　素焼きの器の掃除のような雑用でも？」と声を掛けられ、弟子入りする。

楽入窯では全力で突っ走った。陶芸についての下地がない分、休み時間も惜しんで働いた。うまくできず、トイレで涙を流したこともあった。陶芸の下準備の「土もみばかりしていた」と津田は振り返る。そんな姿を回りの職人も認めてくれ、3年目からは訓練校と試験場に通わせてもらった。土の練り方も、素焼きと本焼きとの違いも何も知らないところから、伝統的な茶道具の制作を7年間学び、28歳で独立した。

独立したころ、衝撃的な出会いもあった。試験場時代の友人から、作家集団「走泥社」の同人である寄神宗美《よりがみむねみ》が陶芸教室を立ち上げようとしているので協力してみないかと誘われる。戦後まもなく京都の若手陶芸家たちが立ち上げた走泥社は、実用性を排したオブジェ作品を作って現代陶芸の礎を築いた前衛集団。寄神も、完成した作品を一度壊して破片を組み合わせるという、ユニークな作風を持つ。

津田が歩んできた茶碗や香合などの茶道具の世界は伝統や作法を美しく見せるための器作り、自分の意思や自分の作品を見せようという意識はなかった。「こういう表現方法もありなんだ」「見せる作品ってなんだろう？」。津田には頭の中で革命が起きたような出来事だった。と、同時に知った。「ものづくりって楽しいんだ」。イケヤン★のコンセプトにも通じる発見だった。

陶芸を始めて10年になろうとしていたが、再び一から土と向き合った。デザインや、作品全体のバランスをかつてよりも重視するようになった。楽焼のやわらかいタッチで、ネコをかたどったブックエンドや、ヨーロッパの古い建物の形をした香合、水引のような結びひもの装飾がついた箱物「結」など、個性的な作品を生み出していった。

現在の工房は、自宅1階の小さなスペース。歩いて1分ほどの場所に、電気窯、灯油窯、炭の窯を置いて焼成している。毎朝4時に起きて作陶、3歳の娘

積み重ねた経験が滲み出るような作品を生み出したい。京都の作家として、走泥社など先人の試みからも大きな影響を受けた

を7時に起こし、娘が保育園で過ごす昼間にまた作陶する。夕方からは娘と過ごす時間を大切にしている。

「自宅が仕事場でオン、オフがはっきりしないので、全く別の仕事をしているパートナーや、家族の心のケアには気を遣います。自分は好きで、人生をかけて取り組んでいる仕事なので、無茶もハードなスケジュールも苦にせず取り組めますが、目の前で作陶する私に家族は遠慮しているのではないか？ それを取り除く心のケアです。もっと娘とも遊んであげたい」

同じように悩むママ陶芸家は周囲にも多い。「『女性でもこうして活動しているよ』、とエールを送りたくて」半年違いの子どもを持つ陶芸家・岡崎裕子や、陶芸に限らず子育て

作品の用途を押しつけたくない。使う人の発想で用途を考えてもらえたらと願う

中の工芸作家と一緒に「子育て」をテーマにした展示会などにも取り組んでいる。

短時間・低温で焼く楽焼は、もろく割れやすいぶん、変化する様子を目で確かめやすい。使うたびに渋い風合いや深い味わいが出てくる様は、日々成長が見てとれる幼少期の子どもに似ている。「楽焼には育てる楽しみがあります。使い手によって楽焼の変化も違います。唯一無二の自分だけの器に育つことを楽しんでいただけると思います」

出産後には作風の変化が表れた。楽焼の茶道具だけでなく、自分が日常使いたいと思う食器も作るようになった。触り心地のよさを追究した「baby touch」シリーズは、金彩などを施した和モダンのデザインだ。楽焼に続く津田の〝第二子〟も順調に育っている。

「いずれも私の器に共通する、使う方のしぐさをしなやかに美しくみせる、というテーマで作っています」

子どもを育て、育てる器を作りながら、津田の作陶も、その時々に応じて育っていく。

IKEYAN★ MEMBER

PROFILE

津田友子（つだともこ）
京都府京都市出身／1975年９月４日生まれ
1997年　吉村楽入氏に師事
2001年　京都府立陶工高等技術専門校 成形科　修了
2002年　京都市立工業試験場 磁器コース本科 修了
2003年　京都花園で開窯

GALLERY _ 作品が買える/見られる場所

★ 白白庵（ぱくぱくあん）
東京都港区南青山二丁目17-14
TEL：03-3402-3021
http://www.pakupakuan.jp

★ gallery ゆめ
神戸市中央区八幡通4-1-6　上月ビル3F
TEL：078-261-8739

★ 株式会社朝日堂　ギャラリー美器
京都市東山区清水一丁目280
TEL：075-531-2181

★ ホテルグランヴィア京都（最上階VIPルーム）
京都市下京区烏丸通塩小路下ル
JR京都駅中央口　TEL：075-344-8888

★ 京もの専門店「みやび」
http://www.rakuten.ne.jp/gold/kyoutodentousangyou/

★ うつわ日和
http://www.utuwabiyori.com/

テーマは「あつまり」ピースを集合させてかたちをつくる立体作品と、カラフルな器

田中雅文

Masafumi TANAKA

「Toy Blocks」シリーズ。ブロックのおもちゃが持っている、遊び心を刺激する感覚を、呼び覚まして欲しい

幼いころ、ブロックのおもちゃで遊んだ。一つではただのブロック片だが、いくつも組み合わせて「あつまり」になると、さまざまな形になる。船やお城のキットも買ってもらったが、船や城にはならず、オリジナルの形になってしまったという。それでも田中雅文は夢中になった。

田中が陶芸に出会ったのは11歳のとき。当時の遊び場だった幼なじみの家のガレージが突然、陶芸教室になる。好奇心からのぞいてみると、みんなが楽しそうに粘土遊びをしていた。初めはそれが陶芸だとは知らず、図工の授業のような感覚で楽しんでいるうちに、いつのまにか毎日通うようになっていた。

小、中、高校と陶芸を続けてきた中で何度か陶芸から離れそうな時期もあったが、高校3年生で進路を決めるとき、自分は陶芸が本当に好きなのかあらた

「ナショナルフラッグ（国旗）シリーズ」の「JAPAN」。赤と白の比率は白 81%、赤 19%で日章旗から求めた

めて考えた。それまで「ずっと陶芸をやってきたから好きだと思い込んでいるだけだ。」と…。

その時に出した結論は一度陶芸から離れてみること。そして理系のクラスに入り、予備校に通った。ずっと続けてきた陶芸と距離を置いてみると、うずうずし、初めて「自分は本当に陶芸が好きなんだ」と確信を持てた。当時は遠回りをしたと後悔もしたが、今になってみればこのプロセスを経たからこそ、「陶芸が好きだ」という確信が強固になり、そして何より理数科の勉強は作品作りに大いに役立っている。

大阪芸術大学工芸学科に入学し、陶芸コースを選択した。レベルの高い仲間と競って、陶芸漬けの日々を送ると意気込んでいた田中はすぐさま拍子抜けする。大学に入ってから、陶芸を始める学生が多かったからだ。期待を裏切

「あつまり」が緊張感ある造形を生み出す

「動憶 -douoku-」シリーズのなかでも最大級の作品。幅 120 センチ × 高さ 130 センチほどの大きさ。約 1000 個のパーツが集合している

られ、無気力気味の毎日を送っていた。しかし、大学から陶芸を始めた仲間たちが、一生懸命制作に向き合い、試行錯誤をしている姿をふと目にした時、自分の浅はかさを痛感し「このままではいけない」と再び制作意欲に火がともった。

このころから、「『あつまり』がなす形」というテーマで作品を作り始める。大学時代はアイスホッケー部に入り、「チーム」というあつまりに身を置いた。作品制作という自分との戦いと、チームという環境の間で、田中は、一人ひとり異なったキャラクターが持つエ

ネルギー、そしてそれが一体になったときに生み出されるパワーに興味を持つ。一人の力は小さくても、先輩後輩、学年に関係なくチームが一丸となり、協力すれば勝てる。その喜び。４年生でキャプテンになると、チームの力の重要性をさらに実感した。大学時代の経験は、田中の作品に活かされている。

　当初の作品は、透明のボルトとナットを使ってパーツを繋ぎ、「あつまり」を形成していたが、それをブロックの作品へと展開したときビスが違和感になり、また非常に格好が悪い。試行錯誤の末、「釉着」という焼成で釉薬が溶け固まることで一体にする方法に変更していった。

　均等な大きさの四角いブロックパーツに釉薬を付け、一つひとつを窯の中で組み立てて焼く「動憶-douoku-Series」。ブロックは、それぞれグニャリと変形しながら、窯の中で一体になり焼き上がる。窯の中が１２５０℃という高温になると、土はまるで豆腐のように柔らかくなる。本来はその時点で立体やうつわが変形しないように作るが、その土の性質を応用してうまく変形するようにパーツの厚みや構造を計算し、窯の中でブロックを組み立てていく。

　焼成によって起こる、窯の中の土の動きが記憶されて姿を現すので「動憶-douoku-」と名付けた。

　「全てを窯に任せるのではなく意図した形に焼き上げるのが目的ですが、全てが思い通りになるとはかぎりません。」図面を引き、プラスチックのブロックを使って模型を組み上げてから、実際の土のパーツで本番に挑む。完璧主義ともいえる作品への強いこだわりだ。

　「National Flag Series」では、国旗の色の比率を計算し、パーツの個数、体積、重さの全てを数値化し、立体として再構成する。作品「JAPAN」では、日章旗（日本の国旗）から白81％、赤19％という色の比率を計算し、それに合わせて着色した色土を使ってパーツを作っ

48平方メートル（約30畳）の工房に、電気窯（20kw）土練機、真空石膏撹拌機などを置いて制作

上／「レイヤーシリーズ」のカップ＆ソーサー。パーツを別々に作り、窯で焼成して上下を接着している
下／「レイヤーシリーズ」の煎茶器。内側と外側のラインの変化が独特なフォルムと機能性を生み出す

た。緻密な計算と慎重な作業が「あつまり」を形成する上で重要なのだ。

「Toy Blocks Series」は、子供のころ夢中になって遊んだカラフルなブロックから着想を得た。付けては取って、大きくなったり、小さくなったり。「あつまり」に加えて、おもちゃで遊ぶ純粋で楽しい子供のころの記憶が表現されている。

田中は立体作品だけでなく、「Layer Series」という器も展開している。それぞれのパーツを別々につくり、釉薬で接着する。立体作品を作るときと同じ技法だ。器に応用すると内と外のラインに変化が生まれ、独特なフォルムになる。また重ねたところに空洞が出来るので、熱が伝わりにくく、軽くなり機能面でも優れている。

立体作品と器、制作の比率は半分半

分。「どちらにウエイトを置いているのかと聞かれますが、どちらでもありません。気分でやり分けているのでもなく、それぞれで得た技法を活かしながら対等に取り組んでいます」

イケヤン★という「あつまり」は田中にとっても大切な場だ。参加メンバーが情報を持ち寄って交換する必要性を感じている。やきものの産地によっては、「あっちとは違う。こっちとは違う」と差別化に多くの時間を割いていることがある。しかし、その違いは世界から見れば、そこまで大きくはない。伝統を守ることは大切だが、お互いにつぶし合うことはマイナスでしかない。田中は、焼き物でトップクラスの日本を、今こそ協力して世界にアピールしていくべきだと考えている。「新しいマーケットを作り出そうとするよりも、今あるものに目を向けて、それをどこに向けて、どう発信していくか。情報を交換して、日本の陶芸や美意識が世界でもっと認められるように、イケヤン★全体で進めていきたい」

田中の「あつまり」への思いは日本を越え、世界へと広がっていく。

IKEYAN★ MEMBER

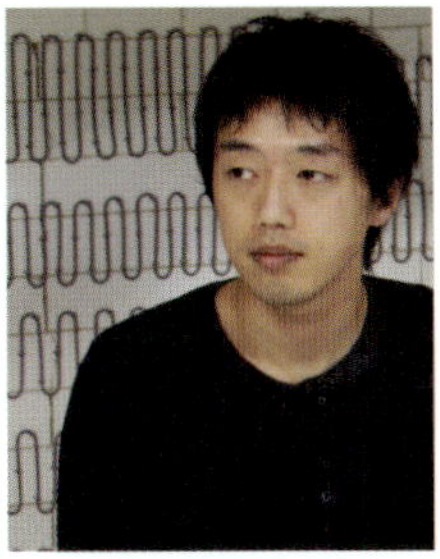

PROFILE

田中雅文（たなかまさふみ）
大阪府八尾市出身／1982年11月17日生まれ
2005年　大阪芸術大学 工芸学科 陶芸コース 卒業
TANAKA Masafumi Official site
（田中雅文オフィシャルサイト）
HP＝http://www.tanaka-masafumi.com
MAIL＝info@tanaka-masafumi.com

GALLERY_ 作品が買える/見られる場所

★ ギャラリー曜耀
茨城県笠間市笠間2372-5
TEL：0296-71-7566
http://www.galleryroad.jp/shop/gallery-yoyo

★ MODERO（モダロ）
東京都千代田区神田岩本町4 MODERO
TEL：03-3525-4516
http://www.modero.jp/

★ KOGEI まつきち
石川県金沢市安江町12-28
TEL：076-254-5416
http://www.kogeimatsukichi.com/

★ galerie n107
大阪府羽曳野市野々上2-13-7
ヴィラージュ　レセナ101号
TEL：072-934-1210
http://www.resena.net/

新見麻紗子

Masako NIIMI

釉薬の反応が表現する詩情あふれる器

「私の手だけでは創り出せないもの」。新見麻紗子は釉薬について、こう語る。でも、人の手が加わらないと釉薬の魅力は引き出せない。「シンプルな形と、釉薬の美しさ。陶芸の最も基本的な部分をやっているのだと思います」

代表作品の銘は「彼《か》は誰時《たれとき》」。彼（相手）が誰なのか聞かなければわからない、まだ薄暗い朝方を意味する。青く淡い紫やピンクのような夜明けの空と

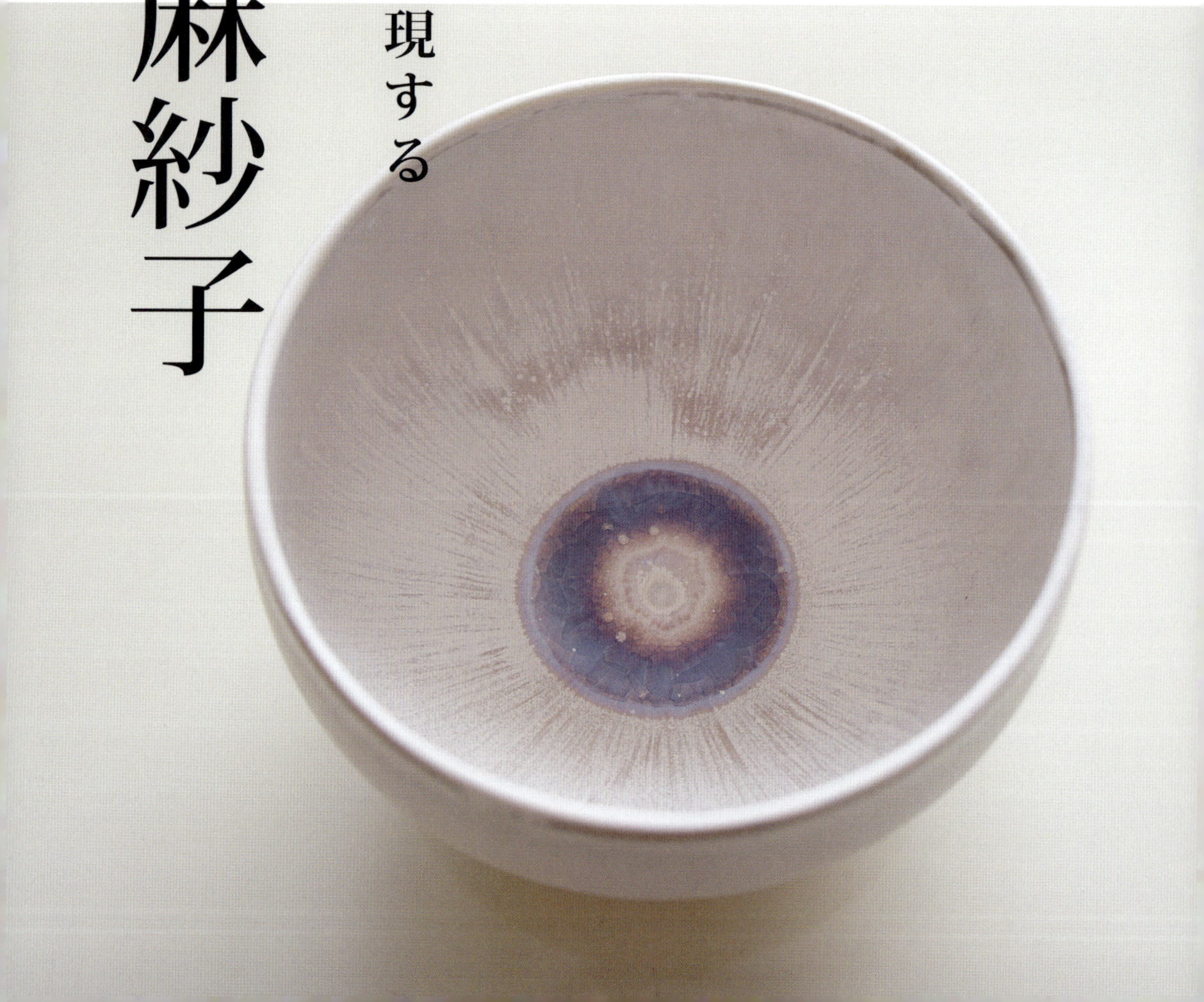

白い雲、霧の立つ静かな湖畔を思い浮かべ、名付けた。

朽葉色の縁に、細い線条文（禾目）が幾筋も流れ、釉薬がたまった底の部分は乳白色に青や紫が混じりあったガラス質。目を近づけると、細かな貫入の中にふわふわとした小さな白い結晶が見える。これらはすべて、一つの釉薬によるもので、二重掛けやガラスを入れているのではない。

大陽光に当てると結晶がダイヤモンドダストのようにきらきらと光って見える「細氷釉」と名付けた釉薬のシリーズや、釉薬が流れ熔け、たまった部分に青や紫、ピンクなどの色彩が現れた「端《は》」というシリーズ、月面のクレーターのような凸凹が現れた茶碗「静かの海」など、さまざまな反応が表れる釉薬を調合し、作品を生み出している。

試験用の陶片（テストピース）に表れた釉薬の化学反応にあわせて、その魅力を引き出すように調合や焼成方法を追求している。「自分の作品は、釉薬が出発点で、あとから形が自ずと立ちあがってくるものです」

子どものころから絵を描くのが好き

「彼は誰時」高台のガラス質が美しい

代表作の茶碗「彼《か》は誰時《たれとき》」。光の当たり具合によって印象は変化する。心の中の情景を呼び起すようなものを作りたい

見る人の心の中の情景を呼び起こすようなものを作りたい

で、美術大学を目指した。京都の大学を選んだのは、日本古来の伝統が息づく街に憧れがあったからだ。自転車でちょっと行けばすぐ国宝に行き当たり、山が美しく見え、川にはシラサギが飛来する。生まれ育った住宅地とは違った風土のある京都の街は、魅力的だった。

受験勉強をしていたころから、立体物の制作に苦手意識があった。なぜそう思うのか、どうして苦手なのかという思いから、あえて陶芸を専攻した。「陶芸で何をするべきか分からない」と思う時期は長かった。既にやり尽くされたものであるという気もしていたし、素晴らしい作品を作っている人も巨万《ごまん》といる。もとから陶芸が好きだったわけでもない自分が、陶芸家になれるとも思えなかった。

そして4年生のある日、〝運命の出会い〟があった。好きな色彩や反応がうまく出せない釉薬をなんとか面白くできないかと、調合や焼成方法を何度も試していたときのこと―。窯から出てきた作品に思いも寄らない反応が現れた。自分でも驚くような調合ができ、「これは自分がやっていかなければいけない」という思いが生まれたのだ。

もっと釉薬の勉強をしてみようと、卒業後は京都市産業技術研究所に入所。ここでは、焼成したテストピース一つひとつについて、なぜ釉薬がそのよう

な反応をしたのか、以前焼いたものとはどこがどう違うのか、と細かな考察を繰り返した。

意識を変える出会いもあった。大学で開催された陶芸家・西田潤の回顧展。連作「絶」の、流れ固まった岩石のような、強烈な印象の作品を見て、熱と重力を通して、自然と形ができるのだと感じた。

「形をつくるのではなく、形のないものを留めるのが自分の仕事と捉えるようになりました。たとえば１２３０℃で焼成していたとしたら、１２３０℃の”その時“というか、痕跡を作品に留めているという感じ。石や灰などの成分を、『焼く』という行為を通して、その自然とは別の新たな自然に再構築しているのだと思っています」。その過程の中で、現象そのものの美しさや、何かを想い起こすものを見つけ出したという。

杯「端（は）」。器の中央に向って降り注いだ光を呑みほすイメージで作っている。香が上に昇っていくような形状

夏のイケヤン★オーディションに参加したのは２００９年。「オーディションで引っかかりもしないようなら、私はダメだと思って行ってみました。新人メンバーに選出され、多くの作家さんやギャラリーの方々とのつながりができました。そのなかで、販路も広がり、作家としてのスタートになりました」

流れたまった釉の部分の色調が強く変化し、
素地に鮮やかな緋色が出るのが特徴

「金砂・蒼」。細かな針状の結晶が積層した金茶色のマット。中央は青紫の貫入のあるガラス質

現在は、千葉市の実家の8畳間を作業場にし、駐車場の物置に電気窯を置いて作陶している。8時に起床し、昼食をはさんで作陶。夕方写真を撮りに行ったりクロスバイクを走らせたり、夕食後に図面を描いたり模型作りをしたりというのが、日常のスケジュールだ。身の回りの風景を映した写真はウェブサイトにも掲載されている。「自然の気配や季節の移ろい、一瞬の出来事など、

どんな些細なことでも自分自身が『あ、きれいだな』と思ったことを心に留めておいて器に落とし込んでいます」という作品はいずれも、日常使うことのできる器だ。「手のうちに収まって、細部まで見てもらえることが重要だと思っています。オブジェだと手にとらず鑑賞しますが、器はすっと手にとり身体に寄せやすい。特に私の作品は、自然光の入るところで間近で見て初めて、細かい表情や微妙な色味の変化が分かるものなので、その距離感が大切なんです」

主に京都の原料を使って作っている器たちは、和に限らず、時には中華料理を想定したものだったり、アイスクリームやシフォンケーキなどのスイーツを載せても可愛らしかったりと用途もさまざま。常に、使う人のそばにそっと寄り添うことを願って作られている。

「使ってくれる人の心の中に、ふわっとした幸せな時間ができたらいいな」。新見の「手」は原料という無機物を、癒しを与える器に昇華させる。

IKEYAN★
MEMBER

PROFILE

新見麻紗子（にいみまさこ）
千葉県千葉市出身／1985年1月13日生まれ

2009年　京都精華大学
　　　　芸術学部造形学科陶芸分野 卒業
2010年　京都市産業技術研究所
　　　　陶磁器コース本科 修了
現在　　千葉市にて作陶

HP＝http://masakoniimi.wix.com/home

GALLERY_作品が買える/見られる場所

★ 六本木ヒルズアート＆デザインストア
東京都港区六本木6-10-1 六本木ヒルズ
森タワー ウェストウォーク３階
TEL：03-6406-6875

★ 白白庵（ぱくぱくあん）
東京都港区南青山2-17-14
TEL：03-3402-3021

★ まど枠
秋田県秋田市大町３-1-12
TEL：018-827-6212

★ KOGEI まつきち
石川県金沢市安江町12-28
TEL：076-254-5416

カラフルな絵付けが楽しい「現代の織部」
オブジェ制作で培った造形感覚と、
確かな技術が裏打ち

栢野紀文

Norifumi KAYANO

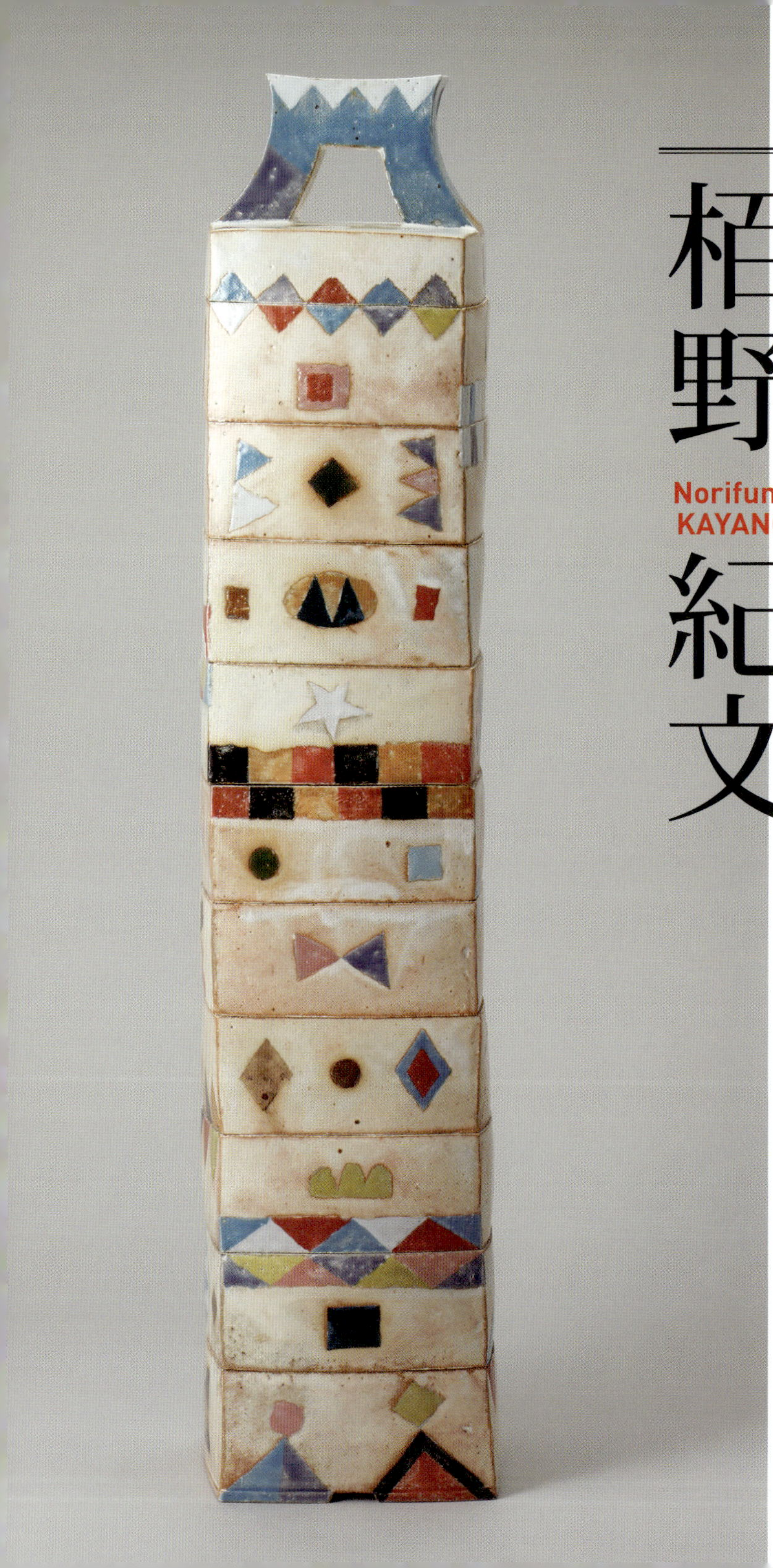

大胆奇抜な形状に、カラフルな絵柄。可愛らしくワクワクする作品を生み出す栢野紀文を、イケヤン★主宰者の青木良太は「現代の織部」と呼ぶ。「織部焼が誕生した桃山時代は戦国の世。明日をも知れぬ時代に、斬新な模様の歪んだ焼き物は当時の人たちに大きな衝撃を与えたでしょう。自分の作る焼き物でそれ以上のディープインパクトを現代の人たちに与えたい」。栢野自身もこう言い切る。そして「自分にしか作れないものを作りたい。オリジナルでありたい」と付け加える。「ジャパニーズ・オンリーワン・セラミック・ポップアーチスト」と呼ばれるのも、うなずける。

「元祖・織部」の古田織部を主人公にした戦国歴史漫画「へうげもの」（講談社「週刊モーニング」）が人気だ。「へうげもの」の読みは「ひょうげもの」。広辞苑（岩波書店）によると「ひょうげる」は「剽げる」と書き「おどける。ふざける」の意。へうげものは、ひょうきん者のほか、面白い形の品物を指すという。

現代の織部・栢野は漫画「へうげもの」から生まれた若手陶芸家の集まり「へうげ十作」の主力作家でもある。古田織部が組織したとされる陶工集団の「織部十作」にちなんだもので、栢野は一見して「栢野オリジナル」と分かる器や重箱を寄せている。だが、栢野は最初から「へうげ十作」に参加したわけではない。週刊モーニング誌上で「へうげもの」が若手陶芸家とコラボして初めて茶碗のグラビアを掲載したとき、栢野はそれを見て「自分の作るもののほうが『へうげている!』」と悶々としていたという。その後、編集者に認められ主要メンバーになるが、最初に悶々として見ていた気持ちを忘れないよう、今でも心に留めているという。「土に向かう

ラジオや雑誌での情報収集を欠かさない。時代が求める感覚を常に探っている

十段に積み上がった「ハコ」を、ダイナミックな造形の「フタ」が覆う。上下の柄の組み合せにも緻密な計算が働く

「へうげもの」にしか生み出すことができないオリジナルな造形

吉川正道氏に7年間師事。地道な下積みの日々が現在を支える

姿勢、常に初めて土に触るような無垢な気持ちを大事にしたい」とも言う。

ポップな印象の栢野の作品だが、陶芸の確かな基礎と技術に裏打ちされている。栢野は陶芸家になるための定石とされる「弟子入り」を7年にわたって経験した。栢野の技術と精神力は、この厳しい修行で培われた。

栢野が弟子入りしたのは伝統的に窯業が盛んな常滑を代表する作家の吉川正道。器だけでなくオブジェも制作し、海外でも高い評価を得ている吉川の作家性に栢野は以前からひかれていた。

土練りを手伝ったことをきっかけに弟子入りを申し出て、栢野のアシスタント生活が始まった。1998年のことだ。最低でも5年は弟子入りしないといけない条件があり、「えっ！　長いなぁ」と一瞬思ったが、決心した。結局は5年どころか7年に及んだ。長く続けられたのは栢野自身の思いだけでなく、吉川が「師事することで影響を受けすぎて、作風が自分に近づきすぎることもないだろう」と栢野に対して見立てていた面もある。吉川は栢野の〝へうげものぶり〟に気づいていたとも言えるだろう。

弟子時代の日々はすべて順風満帆にはいかなかった。ろくろに苦戦し、小さい骨壺などの箱モノを中心に作っていた。吉川の妻、千香子も陶芸家で、彼女が忙しいときは作品の手伝いもした。陶芸以外には昼食づくりも担当した。厳しい指導、無理難題、理不尽な言い付け…、それ以上に忘れられない励まし、愛情。「師匠と弟子」の関係が濃縮された7年で、栢野の陶芸の技は築かれた。

栢野が得意とする「ハコモノ」。フタの収まりの良さなど安定感も魅力だ

師匠だけでなく、こんな出会いもあった。常滑で修業を始めたころの、ある出来事を栢野は今も忘れられない。NHKの番組収録に華道家の中川幸夫が吉川の自宅にやってきたときのこと。食事の席で、自分のオブジェの写真を恐る恐る見せた。「お尻の穴から、出てきたみたいだね」と一言。作為の無作為。狙っているようで狙っていない、言い換えれば「自然である」という評価には、作品に込めた真意を言い当てられたようで、衝撃を受けた。栢野が陶芸の道をしっかり歩むきっかけとなった一言だった。

栢野が初めて陶芸に触れたのは小学生のときだった。「小学4、5年生のころ、授業でイノシシとゾウをつくったら、周りからウケた」という。高校で陶芸部に入り、週に1回作陶し、友達と「これが職業に出来たらいいね」と夢見た。岡山大学では教育学を学びながら陶芸を続ける。大学院卒業後の１９９７年には朝日陶芸展でグランプリを受賞。試行錯誤した末の、シンプルな土のオブジェが高い評価を得た。「へうげもの栢野」が頭角を現したと言えるだろう。この受賞で、張り詰めた気持ちが、ふっと楽になったという。

「陶芸家として生きていくには、器を作らないとだめだ」。師・吉川の言葉に従い、独立後はそれまで作り続けていたオブジェの経験を落とし込んだ器を中心に制作している。器だけだと、どうしても制作が行き詰まるというが、今は「派手」な絵付けを器に施すことで、停滞を突き抜けようとしている。富士山をかたどったフタ付きの星形の重箱など、まさに栢野にしか作れないオリジナルの作品を作り続けている。器づくりに忙しい毎日だが、再び本格

コンスタントに窯をたき、作品を生み出し続けてきた

的にオブジェに取り組まなければ、という強い思いがある。

趣味はラジオを聴くこと。「皿《ろくろ》を回すし、「皿《レコード》も回す」ほど音楽が大好き。AM、FMこだわらず、インターネットラジオをつけるのが日々の習慣だ。聴覚から得られる時代性を大切にしている。また、建築にも興味がある。究極のオブジェとも言える、大きな建築の構造を自分の器として、表現したいとも言う。

イケヤン★には第1回から参加。青木良太からイベントの内容を聞き、遠く離れている全国の陶芸仲間たちと再会できることを知る。栢野は常滑にいる仲間たちに声をかけて、イケヤン★の会場に向かった。「陶芸家はスタンドプレーになりがちだが、同じことをやる人がつながることで、一人では分からないことや思いつかない発想が生まれることもある」。イケヤン★に参加することで分かったことだ。イケヤン★、へうげ十作で刺激を受けた「現代の織部」は新たなパワーを身につけ、さらなるディープインパクトを与え続ける。

IKEYAN★
MEMBER

PROFILE

栢野紀文（かやののりふみ）
岡山県総社市出身
愛知県常滑市在住／1971年5月31日生まれ

1997年	岡山大学大学院教育学研究科修了 滋賀県陶芸の森（創作研修生）
1997年	朝日陶芸展グランプリ受賞
1998年	愛知県常滑市に移り陶芸家 吉川正道氏に師事
2004年	独立

GALLERY_作品が買える/見られる場所

★ Art & Interior xe（クロスイー）
東京都渋谷区恵比寿4-20-7 恵比寿三越内
TEL：03-5423-1183

★ 松本浅間温泉　ゆこもり
長野県松本市浅間温泉3-11-4
TEL：0263-46-2066

日常を楽しくする器で遊び心ある空間を

宮木英至

Eiji MIYAKI

食卓に花を咲かせよう―。宮木英至の器の代名詞である「flower」。2008年に発表した作品が「『ああ、あの花のやつね』と僕のことを知ってもらえるきっかけになりました」。当時はまだ、ここまで花の形を模した食器は他になく、重ねるとより一層花らしく見えるデザインが斬新だった。

「『flower』はテーブルの上をパッと明るく華やかにする、というコンセプトで作りました。僕は北欧が好きで、デンマークやフィンランドを旅行したことがあるのですが、長い長い夜を自宅で楽しくのんびり暮らせるように、家具や食器のデザインが工夫され、良くできていると感じました。そんな楽しく、遊び心のある空間で、日常何気なく使えるようなものをイメージしています」

収納した時の収まりや格好のよさも、宮木が重視するポイントのひとつだ。工房の作品を置くスペースには、同

加藤貴也（P80）が勧める司電気炉の電気窯が2台。1台は還元バーナーが付いている

じ形状で色や大きさの違うさまざまな器がスタッキング（積み重ねること）されたり、作品群ごとにバランスよく並んで展示されている。作業場には鋳込みという型を使った技法用の石こう型がいくつも置かれている。

「作陶しながら、鋳込みの技術を磨いています。同じ型で数種のデザインを展開していくやり方は、芸と業の中間のようで、世間一般がイメージするような陶芸とは少し違うかもしれません。

宮木の定番「flower」シリーズの鉢。2008年ころからはじめて、一番数を作っている思い入れがあるシリーズだ

でも量産品を作る製陶所とは違って、いろいろ実験しながら僕にしかできないものを作り、ここだからできると思ってもらえるような工房を目指したいのです」

宮木が生まれ育ったのは、岐阜県多治見市。美濃焼の里で両親も陶器の卸売業を営んでいた。幼いころ、両親に連れられて、安藤日出武氏の穴窯でのイベントへ行ったことも、今にして思えば貴重な出会いだった。だが、このころは焼き物について、両親が携わっている仕事、という以上には考えたことはなかった。

そんな宮木は、ミュージシャンを目指していた。高校生のときに出会い夢中になったヒップホップを追い求め、高校卒業から20代前半は名古屋市内で仲間たちと音楽活動をして過ごした。しかし、さまざまな挫折を味わい、断念。将

モダンな中にも、どこか和を感じさせるデザイン

来、自分はどんな仕事をしていけばいいのか—と葛藤する日々を重ねるうちに「陶磁器と向き合ってみよう」という気持ちが芽生えた。生まれつき器用で、売ることより作ることに興味があった。が、知識も経験もない。弟子入りのような形で「働きながら勉強させてください」と、実家の仕入れ先であった土岐市の製陶所に飛び込んだ。食器の開発部門でかたちづくりやデザインを学ぶ。月給3万円、食事つき。無我夢中だった。ここまでできるようになれば、ひとりでもやっていけるだろうというところまで勉強した。

そうして実家に工房を構え、家業を手伝いながら自分の作品づくりを始め

る。１年後の２００５年、地元の国際陶磁器フェスティバルに出品したスタッキンググラスが入選。仕事の声もかかるようになり、依頼されたものはなんでも引き受け、腕を磨いてきた。

音楽活動をしていたころチラシやビラをあちこちに配って集客していたが、陶芸を始めてからも自らのプロモーションに取り組んだ。営業で東京のショップを回ったり、MoMA（ニューヨーク近代美術館）の担当者が名古屋のホテルに泊まっていると聞いて、作品を見せに行ったこともある。結果、宮木の作品はMoMAショップで扱われることになった。

鋳型を使った作陶。収納した時の形も計算している

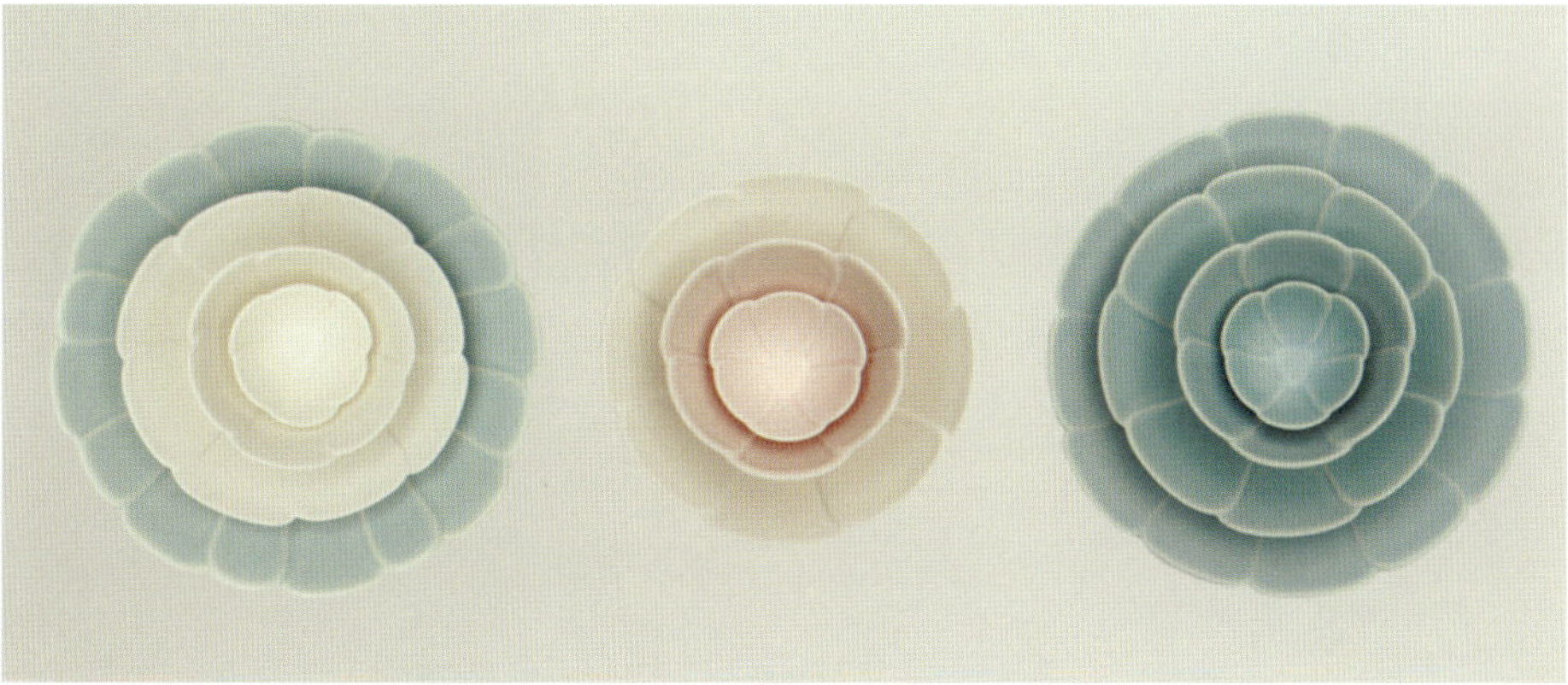

こうして販路も広がり、現在は自分の作りたいものを主に作れるようになっている。

日本酒を飲むようになったので酒器を、パスタに使える器がないのでパスタ皿を、自分自身の生活の中であったらいいな、と思うものを形にした。フレンチのシェフとのコラボレーションでリバーシブルの角皿を作るなど、人とのかかわりで作るものや、オーダーも受けている。

宮木の作品には瓶やランプシェードなどもある。さまざまな色を使っているが、どれもベースの色は白。「石こう型が白なので、イメージがしやすいんです」。北欧の雰囲気があるが、日本人らしさも表したいと、和洋どちらにも合う日常使いの器が基本だ。

異なる色の土で何層にも重ねたレイヤーシリーズ

器に興味を持ってもらうためにと、イベントなどにも意欲的。デパートで個展を開いたときには、店頭にかき氷機を持ち込み、自分の器に盛って夏の暑い時期を涼しげな器と一緒に楽しんでもらった。

陶芸の先輩たちと、三品の器と料理でもてなす「san pin bar」というイベントに参加したこともある。

「先輩たちに見せてもらったものを、自分たちの解釈を加えて表現していきたいし、身の回りで楽しいことをやって、作品づくりにも生かしていきたい」

最近では、陶芸家やその周りの仲間

が集まって、「7rinz」というワークショップを始めた。

陶芸の魅力でもある、「焼き」にフォーカスをあて、七輪を使って目の前で焼かれた器をそのまま持ち帰ることが出来るものだ。ワークショップ化するためのブースを地元、司電気炉製作所の築炉師・加藤貴也（P80）に構築してもらった。それを持って初回は長野県松本市で開催した。自分で釉薬を塗り、10〜15分で作品を作れるため、子どもたちにも好評だ。このイベントで作った楽焼の要素を取り入れた和モダンな雰囲気の五角形のぐい飲みは、宮木の工房の作品棚にも並んでいる。

さまざまな活動をしている宮木が、イケヤン★に参加したのは２０１１年。それまで同世代の陶芸家と話す機会がなかなかなかった。イケヤン★を通じて、他の作家の活動を知ることは新しい刺激になった。「自分たちが好きなこと、楽しいと感じることを少しずつ発信していけたら、陶芸に携わる環境も良くなっていくと思います」

楽しく遊び心あふれる宮木の作品からは、心地よい音楽のようなリズムが伝わってくる。

IKEYAN★
MEMBER

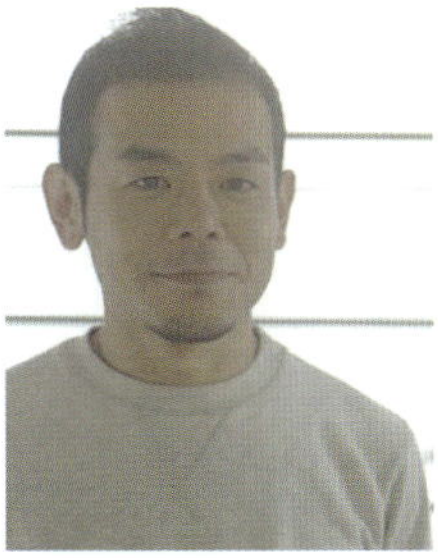

PROFILE

宮木英至（みやきえいじ）
岐阜県多治見市出身／1979年1月2日生まれ
2003年　未経験の状態から、土岐市の製陶所に勤務
2004年　多治見市の実家に工房を構える
HP＝http://eijimiyaki.jp/

GALLERY_作品が買える/見られる場所

★ Art & Interior xe（クロスイー）
東京都渋谷区恵比寿4-20-7 恵比寿三越内
TEL：03-5423-1183

★ ギャルリ・ニュアージュ
東京都台東区駒形1-11-9
TEL：03-3841-1345

★ 北鎌倉GM..（ジーエムツー）
神奈川県鎌倉市山ノ内1386
TEL：0467-25-1156

★ 回廊ギャラリー門
茨城県笠間市笠間2230-1 芸術の森公園前
TEL：0296-71-1507

★ 陶林春窯
岐阜県多治見市白山町3-89-1
TEL：0572-23-2293

★ 京都 たち吉
TEL：075-211-3141

★ 阪急百貨店うめだ本店
大阪府大阪市北区角田町8－7
TEL：06-6361-1381

愛知県の知多半島・美浜町。その海のほど近くに創作スタジオ「ユクリテ」はある。

「ユクリテの『ユクリ』は日本語の古語で人の縁やゆかりを意味します。『テ』は手で、手作りの作品と、いろんな人々を結びつける場所にしたかったんです。美浜町は常滑に隣接し、近くに数多くの陶芸家が暮らしている。スタジオを開放してさまざまなイベントを開催したり、常に制作体験や見学ができるオープンな状態で運営しています。私たちだけでなく、いろいろなジャンルの作家同士、作家とお客さん、人と人、人とモノ、それぞれの出会いのきっかけとなるようにと考えて設立したので、理想が実現しつつあることがうれしいです」

そう話す渡邉貴子は、２０１０年に吹きガラス作家の幸勝也と二人でこの工房を立ち上げた。鉄工所の工場だった建物を改装して作った工房兼住居は、30人近くを招いてもパーティーができるほどの広さだ。

鉄工場だったスレート葺きの建物を改装した工房の内部。吹きガラス作家の夫と作業スペースを共有している

二人が出会ったのは愛知県の瀬戸。飲食店のアルバイトで生計を立てながら作陶していた渡邉と、陶芸とガラスの2分野の教育を行う新世紀工芸館の研修生だった幸は、友人を通じて知り合った。「陶とガラスは素材も近くどちらも窯を使って制作しますが、実はとても対照的。一緒にやっていて苦労する部分も多いけれど、視野や活動範囲が広がりました。陶人形にガラスでドームを作ってもらったり、陶の器にガ

作陶の中心に位置づける「貫入装飾」の小壺。陶芸でしか起こらない現象や素材感が生かされた技法だ

ラスの蓋を合わせたり、その逆を試してみたり、陶とガラスのコラボレーションも進めています」

渡邉の作品は器と陶人形の2系統に分かれる。器は貫入（釉薬のひび割れ）の入り方をコントロールし、貫入を模様にした「貫入装飾」という食器や花器。白い磁器にひび割れしやすい透明な釉

「繋げる」「伝える」活動にいそしむ器と陶人形作家

渡邉 貴子

Takako WATANABE

薬を施し、焼成の数日後、割れが進んだ貫入の部分に墨汁を染み込ませる、独自の技法を用いている。瀬戸窯業高校専攻科修了時に研究したものだ。

一方の陶人形は、手びねりで作る。動植物や自然現象のイメージを重ね合わせた、性別、年齢、国籍などを特定しない中性的な架空の人物を生み出している。歌ったり踊ったり、無邪気に遊ぶ子どものようなユニークな表情の動物たちや、植物の陰からそっといたずらっぽい表情をのぞかせる小人たちの置物もある。これらの人形は土の固さなどをコントロールしながら、大きいものであれば数日かけて成形し、さまざまな色や種類の釉薬を細かく施して制作していく。人形と器を組み合わせた、小人が蓋の上に寝そべる作品もある。

陶芸には子供のころから縁があった。母親は愛知県瀬戸市出身で、小さいこ

作品と自然が融け合って生まれる創造上の世界

作陶のもう一方の柱、人形作品。手びねりで土の固さをコントロールしながら、数日をかけて仕上げていく

窯から出して冷めた後も、貫入は割れ進んで模様が広がる。墨入れのタイミングは難しい

ろから毎年瀬戸に行き、土産品として販売する陶の貯金箱に祖父母が絵付けする姿を見ていた。小学生のころには、友達に陶製の小さなスプーンを買って帰るのが楽しかったことをよく覚えている。さまざまな素材に触れた中で、最も手にしっくりなじんだのも、やはり土だった。

「美術やものづくりを学びたい」、と漠然と大学に進んだ渡邉を、陶芸に駆り立てたのは、縄文土器との出会いだった。縄文・弥生時代の土器の展覧会でふと目にした円錐形の壺。遠目に見るとてもシンプルな形状の壺を、間近に見た瞬間、鳥肌が立った。その表面には無数の人間の爪痕が規則正しく刻まれて、模様を描いていたのだ。

「長い長い年月の向こうに、その壺を作った『人』の存在を怖いほどリアルに意識しました。時代を経て、制作者が亡くなったあとも、その手の跡は残る。陶芸とは、そしてものづくりとはこういうことなのかと思いました」。自分もそんな作品制作ができたら…。陶芸を専攻することに決めた。

大学での専攻は広く浅く。もう少し追究してみたいと思い、1年間アルバイトで貯金し、ゆかりのある瀬戸の窯業高校専攻科へ。2年間基礎から学んだ。卒業後はグループ展などで作品を発表し、卒業直後の第40回女流陶芸展入選をはじめ、実績を積んできた。

陶人形と器、どちらにも共通するのは、「遠い昔に作られ、時を経たものへの憧れ」だ。

手びねりで作る陶人形には、直接的に手の跡が残る。その作り方は縄文時代から変わらない。貫入に興味を持ったのは、古い陶磁器や、土に埋もれていて出土した陶製の人形などの表面にで

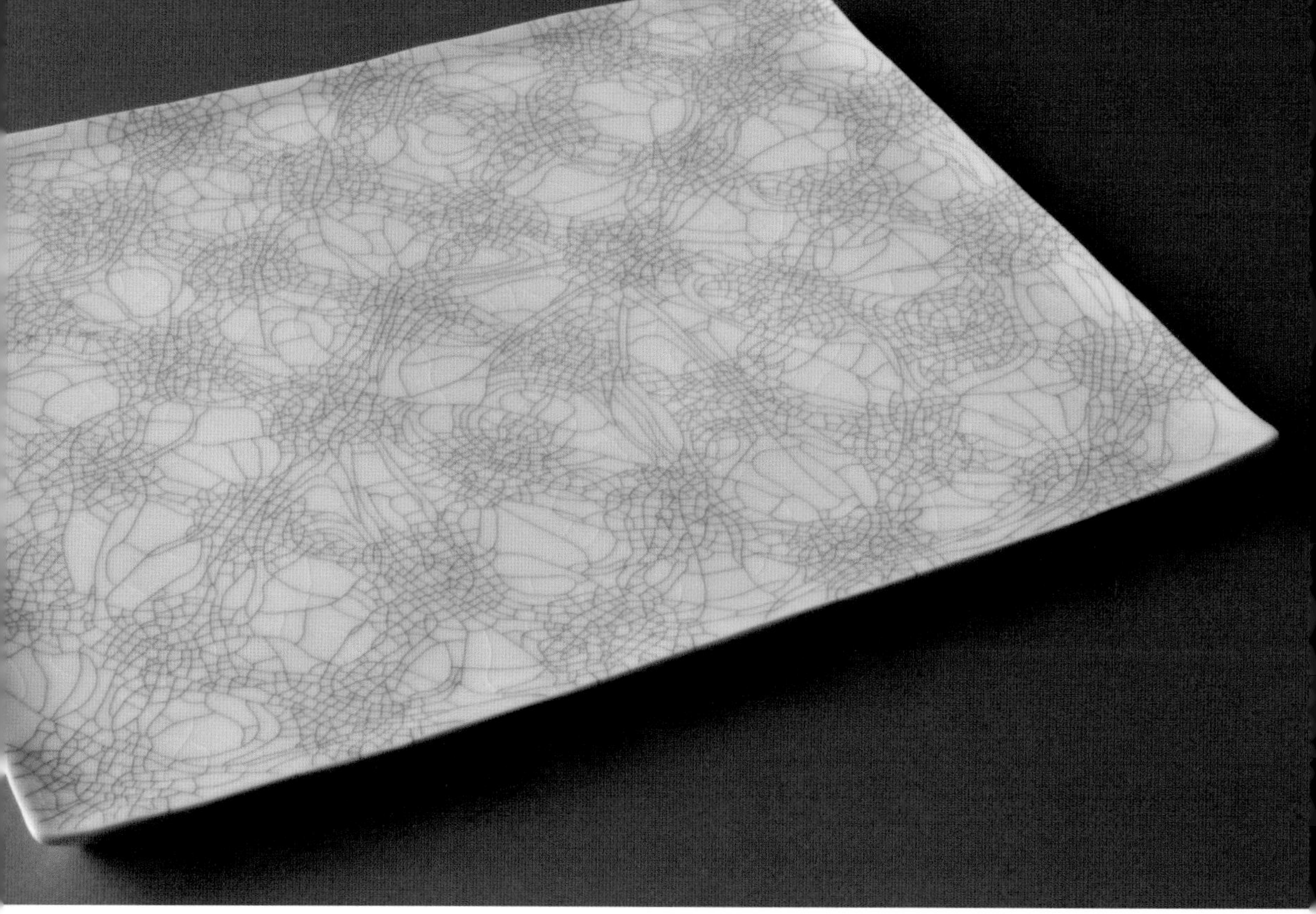

ひび割れた透明な表面に墨を塗り、水で洗い流す。意図と偶然が生み出す文様が浮かび上がる、心ときめく瞬間だ

きた、いかにも古ぼけた雰囲気を出す貫入に魅力を感じたからだ。装飾にこだわった器は人形と同様、唯一無二のものができあがる。

「作品に出会った時に『会えてうれしい』『会いたかった』と思ってもらえるような作品を目指しています。貫入作品は、装飾の面白さに気づいてもらえたらうれしいです。かわいらしいだけの人形を作っているつもりはないので、作品から何か物語を感じてもらえたり、新しい出会いになれば良いな、と思います」

自分たちで「ユクリテ」という交流の

IKEYAN★
MEMBER

PROFILE

渡邉貴子（わたなべたかこ）
神奈川県横浜市出身／1981年２月25日生まれ
2003年　文化女子大学生活造形学科
　　　　工芸コース陶芸専攻　卒業
2006年　愛知県立瀬戸窯業高校
　　　　陶芸専攻科　修了
2010年　愛知県知多郡美浜町に
　　　　「創作スタジオ ユクリテ」設立
創作スタジオ ユクリテ
愛知県知多郡美浜町奥田御茶銭71-7
HP＝http://yukurite.com/

GALLERY＿作品が買える/見られる場所

★ gallery UG
東京都千代田区東神田1-14-11
ヤマダビル1階
TEL：03-5823-7655
★ GALLERY龍屋
愛知県尾張旭市柏井町公園通542
TEL：0561-52-5855
★ gallery UG taipei
台北市中正區師大路206號1樓
TEL：(866)2-2368-8158

人形作品では年齢や性別、国籍などを超えた存在感を目指す。
「かわいい」だけのものを作っているつもりはない

場を作ってきた渡邉貴子が、新たな人の縁をイケヤン★に参加して得たのは第１回の開催のときから。巡回展に参加することで、それまでは近場でしか発表の機会が持てなかったのが、全国で作品を発表する機会が増えた。

「陶芸を趣味で続けていくのと、仕事として成り立たせていくのは全く違うことです。自分らしい作品づくりはもちろんですが、作るだけが陶芸家の仕事ではないと気づく必要があると思います。できるだけ自分から動いて、いろいろな場所へ出向いて、人との繋がりを広げること。そして一般の方々に素材や制作活動について知ってもらうことが重要だと思っています」

一期一会。「ユクリテ」の舞台は知多半島から広がろうとしている。

築炉師が手がける「きっかけ作り」になる器

加藤貴也

Takaya KATO

メーンの仕事はあくまで家業の電気炉製作。名刺の肩書きも「築炉師」だ。加藤貴也が本格的に作陶を始めたのも「窯を使う側のこと」をもっと知りたかったからだ。

加藤が生まれた美濃焼の街・岐阜県多治見市では、陶磁器の上絵付けが盛んだった。「司電気炉製作所」が、上絵付け用の電気炉製造会社として多治見市で創業したのは１９５８年。以来50年以上、顧客の要望に合わせて、陶芸用電気窯、ガラス用の電気炉、高温炉、熱処理炉など製品の幅を広げ、さまざまなフルオーダーメードの電気炉を製作してきた。敷地には、製作中の鮮やかなピンク色の電気窯や、ピザ窯まで置いてある。加藤貴也はこの司電気炉製作所の3代目・創業者の孫に当たる。

マンガンを多く含む釉薬は酸に弱く変色しがち。とりわけ金色を出すのが難しい

加藤の代表的シリーズ「Mn」の片口（左）と「NYU」（右）のスープカップ

多治見市には、全ての小学校に焼成設備があり、陶は日常の中にある。ましてや加藤の実家ではそれを生業（なりわい）としている。しかし、小学生のころから陶芸に触れてはいたが、あえて本格的にやってみよう、と意識したこと

はなかった。

　陶芸への関心が生まれたのは、海外でのことだった。高校卒業後、アルバイトで資金を貯め、イギリスへボランティア留学した。派遣された先は、くしくもイギリス中央部の陶器の里・ストーク・オン・トレント。有名陶器ブランドのウェッジウッド、ミントン、ロイヤルドルトンなどが生まれた場所だった。たまたま見学に訪れたウェッジウッドの工場に、ろくろ師がいた。土を自在に操り、その手からみるみるうちに形が生み出される光景が心に焼き付いた。

　留学生活を1年で終え、しばらく実家の家業を手伝った。お客さんがどんなものを作るのかヒアリングして、溶接、レンガ貼り、電熱線張り…と用途に合わせた電気炉作りをするうちに、「窯を使う側のことがきちんと分からないといけないのでは」、という思いが芽生えた。同時に陶芸をやってみたい、とい

作陶を周縁から支える
ポジションだからこそ、
見えてくるかたちがある

「使いやすい」と言ってもらえると嬉しい。
ひんぱんに食卓にのぼることを願う

う気持ちも頭をもたげた。

21歳で瀬戸窯業高等学校に入学。まだ、「焼き物とは何なのかちょっと知りたいというくらいの気持ち」だったので、作陶で食べていこうとしている周囲の学生たちとは温度差を感じた。淡々と与えられた課題をこなす日々だったが、陶芸の楽しさは分かってきた。

卒業後、再び海外へ。青年海外協力隊の陶磁器隊員として、アフリカのザンビア共和国で2年間を過ごした。首都から1日かかる「陸の孤島」と呼ばれた村の職業訓練校で、陶芸クラスの先生のアシスタントとして働いた。陶芸の技術などは得られなかったが、異なる環境、習慣での生活からは、無形の恩恵を受けた。帰国後、日本の窯業界の現状を知るために、多治見市陶磁器意匠研究所に入所。翌年、土岐市駄知町の食器メーカーに勤務。ここではたまたま、粉引の器で瑞浪市の無形文化財保持者である浅井礼二郎氏の下につくチャンスに恵まれ、釉薬の試験などを行った。その後は実家に戻り、家業を継ぐ。

　自分の作品をじっくりと作れるようになり、現在の作風が確立したのは、実家に戻って時間の余裕ができてからだ。実際に土に触れるうちに、焼き物の奥深さ、楽しさにひかれていった。現在は出勤前の早朝の時間帯に作陶している。

　主に作っているのは、「NYU」という貫入のシリーズと、「Mn」というマンガンを多く含む釉薬を使用した、黒地に金の光沢を出したシリーズ。クヌギの実の殻斗《かくと》から出る渋で染める貫入は、漬け時間によって貫入の濃さが変化する。二度と同じ模様ができないところが面白く、気に入っている。黒い器はお客さんの評判も良く、岐阜市内で友人が営むタイ料理店でも好評だ。

　自らを「築炉師」と名乗る加藤の器はある意味実験的で大量生産向きではない。「陶芸だけで食べていこうという考えは、ある時点で割り切りました」と言い切る。

　加藤の作陶は本業の窯の実験も兼ねる。「窯が傷むのを気にして普通ならやらないような無理ができますね。例

上／「Mn」シリーズのビアマグ。光の当たり方や水に濡れた時などで表情が変わるのが楽しい
下／「NYU」シリーズ。渋に浸ける時間によって貫入の濃さが変化する。使い込むほど変化が生れ、味になる

一輪挿し。用途があるものを作りたい。決して大量生産向きではないが、生活のなかで使ってもらえることが嬉しい

えば、窯を高温にしたところに松の木を入れて燻すと、黒陶ができます。これを利用した作品を展開してみたいですね。もう一つ手掛けてみたいのはガラスの特質を生かした作品。土を骨に、透明な釉薬をボディーにするようなものです。弟がガラス作家で、窯も好きに使えるからこそ、できることだと思います」。プログラムによって温度がしっかり制御できる電気窯でしか試せない釉薬の変化、普通なら電熱線を傷めてしまう還元の器なども追究したいと、意欲を燃やす。

築炉と作陶という”二兎“を両立させている。

加藤の作る器のテーマは「きっかけ」だ。「僕の人生のベースにはずっと焼き物があって、焼き物をきっかけに人とつながってきた。自分が作ったものも生活の中で何かのきっかけになってくれるといいなと思っています」。その言葉通り加藤は今、陶芸家の「きっかけ作りの場」を作ろうとしている。

陶芸家が土と釉薬だけを持ってくれば作陶の作業場所と貸し窯を置いたフリースペースを、イケヤン★とも関わりの深い陶林春窯の全面的な協力を得て、多治見市内に設立する準備を進めている。作品展示もできるようにして、陶芸家だけでなく、窯業関係の人や陶磁器販売の関係者など、陶に関わるさまざまな人が出入りするような場所を目指している。「多治見市周辺には陶芸を学べる学校や機関がたくさんあり、毎年全国から陶芸を学ぶ多くの人が集まりますが、地域との交流など、学校以上の繋がりがなかなか生まれていない。僕は窯を作る立場からも、陶芸をする立場からも話ができる。生まれ育った多治見の紹介もできれば、学んだ瀬戸のことも教えられる。あそこに行けば何かがあるぞ、と気楽に人が集まれる場所を作り、陶芸をする人に長く多治見に住んでもらいたいと思うんです」

イケヤン★の理念にも通じる「仲間との出会いの場」。築炉師・加藤の〝三兎目〟の夢も、もうすぐ叶いそうだ。

借家の６畳ほどの一室が制作スペース。焼成は実家の工場の窯で

IKEYAN★ MEMBER

PROFILE

加藤貴也（かとうたかや）

岐阜県多治見市出身／1978年9月3日生まれ

2003年　愛知県瀬戸窯業高等学校専攻科陶芸科 修了。青年海外協力隊陶磁器隊員としてザンビアに派遣

2007年　多治見市陶磁器意匠研究所セラミックス・ラボ修了

現在　司電気炉製作所に勤務しながら作陶

HP＝司電気炉製作所
http://tsukasadenkiro.com/

GALLERY_作品が買える/見られる場所

★ 陶林春窯
岐阜県多治見市白山町3-89-1
TEL：0572-23-2293

★ ギャラリー曜耀
茨城県笠間市笠間2372-5
TEL：0296-71-7566

★ QUICO
東京都渋谷区神宮前5-16-15
TEL：03-5464-0912

★ CHA-CHA
岐阜市橋本町1-10-1 アクティブG 3F
TEL：058-267-7055

ふわり、とした質感が魅力の白磁

桑田智香子

Chikako KUWATA

乳白色の磁肌に、日光に照らされた水面に広がる波紋のような、独特の彫り模様。桑田智香子の器は、磨りガラスのような手ざわりの半マットの釉薬と、それが彫り目にたまって「ふわっと見える」質感が特徴だ。

白の釉薬は、瀬戸窯業高等学校専攻科の同級生だった夫・石黒剛一郎（P38〜）の青の釉薬と同様に、修了研究で作ったオリジナル。これをベースにいくつかの釉薬を使い分け、金で縁取りを

した器や、淡いピンクなど異なる色の作品も作っている。

　磁土をろくろで成形し、表面を彫って装飾するスタイルもまた、修了制作のころからの桑田のオリジナルとして続けている。ふと思い立って表面を彫ってみたら「見たことがない」作品に仕上がった。彫りがうまくいったときには、美しく光が透ける。以来ずっと、無心に素地《きじ》に彫り目を一つひとつ刻んでいく日々を続けている。


　小さいころから絵を描くことが好きで、高校の先生からも勧められ美大の美術学部に進学。デザインの基礎である平面や立体、写真などさまざまな表現手法を学ぶ中で、関心を持ったのが陶芸だった。小学生のころ、備前焼の作陶体験をして以来だったが、原料の土を成形するところから、施釉、焼成と、最初から最後まで手で携われるところに魅力を感じた。3年生のコース選択で陶芸を専攻することにした。

　大学で作った作品は、オブジェや置物が主だった。友人との2人展で販売もした。中には器もあったが、「今から思い返すと、重いし、ガタガタとバランスも悪いものでした」

　卒業後は東京に移り、陶芸教室でア

工房に設置された電気窯。月一回のペースで窯を焚く

波紋のような独特の彫り文様が施された台皿。乳白色の釉薬は、瀬戸窯業高等学校専攻科の修了研究の成果

無心に彫られた文様は、乳白色の磁肌に静謐な音楽を奏でる

ルバイトを始めた。外に出たことで、陶芸の知識が足りないことを痛感する。釉薬の勉強も十分にしていなかったし、ろくろも人に教えられるほどには扱えなかった。約1年働いた末、学生時代を過ごした愛知県に戻り、瀬戸窯業高等学校専攻科で勉強し直すことにした。

瀬戸窯業高等学校専攻科は、高校卒業以上ならば年齢、経験を問わず、陶芸を学べる。10代から定年退職後の60、70代までが肩を並べて、2年間基礎から技術を学ぶ。本格的に陶芸を目指す同級生や、先輩、講師との出会いに刺激を受け、深く陶芸にのめり込んでいった。

窯業高校を出たあとは、瀬戸市内の貸し工房で作陶を始めた。この工房は4人で共有していたが、脱サラして陶芸を始めた先輩からは強く影響を受けた。きちんとした計算に基づいた作品もさることながら、朝から夕方までの作陶時間をきっちり固定した、計画的な働き方も理想的だった。そこで2年間作陶した後、窯業高校時代から交際していた石黒が独立するタイミングで、一緒に工房を借りることになった。

作陶だけで生計を立てられるようになったのは、30歳前後のことだ。それまでは、陶芸教室や派遣のアルバイトを掛け持ちして暮らしてきた。作るだけではなく、グループ展などがあれば積極的に出展し、イケヤン★には2012年から参加、ショップやギャラリーでの取り扱いが少しずつ増えていった。「作るだけではなく、見てもらうことも大切です」

学生時代には、オブジェなども作っていたが、現在は使うことを前提に作陶している。卵かけご飯の卵を溶く器が欲しいと言われて片口を作ったり、納豆を2パック分混ぜられるように大きさを調整したり、顧客のリクエストに応えてきた。しかし、デザインに関しては自分の作風を優先している。「もっと色を入れてみたら、とか、形をこう変えてみたら、と言われることもあるのですが、いざやってみるとこれは自分の器とはちょっと違うな、というものになってしまいます」。こだわりのポイントは譲らない。

一つの作品を作り上げるまでに、持ち

掌に乗るサイズの湯呑み。薄く彫られた部分は、自然光を透過する

上げたときの手触り、大きさ、重さなど使用感を試しながら、納得がいくまで最低でも3回ほど試作品を焼く。大体、月に1度のペースで窯をたいているので、一つ作るのに3カ月要する計算だ。できたものを販売してみて、お客さんの反応を見てから、シリーズ化するかどうかを考える。

「これからは皿と鉢のレパートリーを増やしていきたいと思っています。そろったものを作るのがあまり得意でないので、型打ち（石こう型で成形すること）もやってみたい。それからオーブンで使える耐熱の器。高温で焼き締まりすぎたものはオーブンでは使えないので、温度に適した釉薬を研究しようと思っています」

茶道、華道を学校を出てから習い続け、抹茶碗なども作り始めた。直接作陶につながっているわけではないというが、オフの日は博物館で古代ガラスや

現代の暮らしのなかで使われる器を作ることにこだわる

土器など、古い時代の工芸品を眺めるのも好きだ。

現在夫の石黒と共有する作業場は自宅から車で15分ほど。毎朝夫とともに出勤し、帰宅する。窯などの設備は整っているし、工房を共有するステンドグラスや木工など、他ジャンルの作家と交流できるのも一つの魅力だが、広さ7メートル×4メートルの部屋は、二人で使うにはやはり手狭だ。それぞれの作業台にも、部屋の4分の1ほどを占める5段の木棚にも、器がところ狭しと並んでいる。

今後の移転先について、「海の見える場所に工房と家を構えたい」という桑田に対し、「山があって湧き水があるようなところがいい」という夫。釉薬も妻はマット、夫は透明と質感は異なるものの、二人ともメーンで作るものは柔らかい色の磁器。「お互い、自由にやったほうが良い」と、影響を受け過ぎないようにしていると言いながら、「夫は思いも寄らないものを作るので刺激になります」。新しい工房が建てられるのは海辺なのか、山間なのか？　いずれにせよ新しい工房で二人が切磋琢磨する風景は今と変わらない。

IKEYAN★
MEMBER

PROFILE

桑田智香子（くわたちかこ）

広島県尾道市出身／1979年10月23日生まれ

2002年　名古屋芸術大学 美術学部　卒業

2005年　瀬戸窯業高等学校陶芸専攻科　修了

2007年　瀬戸市の貸し工房での作陶を経て、現在の工房に移る

GALLERY_作品が買える/見られる場所

★ Tiptoe
神奈川県三浦郡葉山町堀内1422-10
TEL：046-854-8256

★ 陶林春窯
岐阜県多治見市白山町3-89-1
TEL：0572-23-2293

★ 器と暮らしの道具　藁の家
岡山県岡山市北区庭瀬968-30
TEL：090-7787-3832

★ ヒマール
山口県岩国市今津町1-10-3
TEL：0827-29-0851

★ CHAOS
宮崎県東臼杵郡門川町加草4-115
TEL：0982-63-0034

★ Art + Craft ユルリラ・ギャラリー
兵庫県神戸市北区藤原台中町6-16-2
TEL：078-981-8203

吉村茉莉

Mari YOSHIMURA

赤い細密な線が描き出す
万華鏡のような
新しい感覚の九谷焼

白い素地に、髪の毛よりも細い赤い線で描きこまれる緻密な赤絵細描。蒔絵や螺鈿《らでん》細工の細密な絵柄のようでもあり、アラベスクの幾何学文様のようでもある。吉村茉莉の作品は和にも洋にも、クラシックにもモダンにも見える。

赤絵細描は伝統的な、九谷焼の絵付け技法の一つで、幕末から明治・大正期にかけて特に盛んであった。小さい作品で1週間、大きいもので1カ月。事前に大きなイメージを持って作品にのぞむことも、即興で心の向くままに向かうこともある。吉村は白い陶地に、ひたすら無数の赤い線を描き続ける。

万華鏡をテーマとした作品を数多く手がける。次々に変化する視界を再現するために、1本1本の線に思いを込めて描く

サラリーマンの家庭で育った吉村は小学校3年生のとき、陶芸に出会った。学校の体育館で開かれた陶芸体験教室に親子で参加した。アルミ缶に粘土を巻きつけて作ったマグカップは、ぼこぼこの分厚いカップに、ひょろりとした取っ手が付いた、いかにも小学生らしい出来映えだったが、母はそれを大事に

妖艶な花々に吸い込まれていく蝶のように、繊細な線の流れや動きに見るものはひき込まれてゆく

保管してくれた。

以来、漠然とものづくりの仕事がしたいという思いを抱き、工業高校の工芸科へ進学。さまざまな素材に触れる中、漆に魅力を感じ、漆芸コースを選択した。ところが、間もなく漆アレルギーを発症してしまう。3年間アレルギーと戦った末、短大では素材に直接触れても問題のない陶芸コースに進むことを決めた。

そして、運命の出会い。テレビでたまたま赤絵細描の特集を目にする。極細の筆が描く繊細かつ力強い線の集合体が放つパワーに、“まるで恋をした時のように”胸が締めつけられた。

短大の教員に赤絵細描をやってみたいと相談すると、九谷焼研修所を紹介され入所した。そこで現代の赤絵細描を代表する伝統工芸士の福島武山と出会う。福島が陶肌に描く山水や吉祥

いつまでも見飽きない、見るたびに新しい発見のある器を目指して

画の、優しく柔らかな線に惚れ込んだ。それから週に1度、毎週金曜日に福島の工房に通い、指導を受けた。制作を進めるほどに、ますます赤絵の虜になった。

かつては九谷焼の主流のスタイルであった赤絵細描だが、現在では担い手がほとんどいない。研修所の卒業生には「赤絵細描なんかじゃ食べていけないよ」と言われた。その一言が悔しく、「赤絵細描で生活できるようになる！」と職業にすることを決めたという。

吉村が作品のテーマによく選ぶのが、「万華鏡」だ。のぞき穴の中で次から次へと変化する視界に感じるワクワク感。このワクワク感は日々生活で目にする、自然現象の移ろいにも感じられる。色、空気、音、光、さまざまに変化していくイメージを、伝統を取り入れながら、紋様に表現している。子どものこ

万華鏡で見た食虫植物をイメージした図案。奥行が感じられる絵付けだ

ろから“無性な寂しさ”を覚えることが多かったという吉村。空間を細かなピースで埋めていくパズルで無心に遊んだり、色彩が刻々と変化する夕焼けの空を眺めて、心の隙間を埋めていた。そんな吉村の“視感を満足させる”のが「万華鏡」だ。そこには一瞬一瞬で移り変わる“自分だけの宝石箱”がある。

代表作品の図案は、“万華鏡で見た世界”をイメージしたもの。食虫植物に捕らえられた蝶などの毒々しい要素や、妖艶な絵付けを目指して女性の唇や目といった色っぽい模様を描き込み、色や線で毒々しさも表現した。見る者が目でじっと追いたくなるような線の流れや動きを意識し、薄い赤を何度も塗り重ねて、さまざまな太さ、濃さの線を描いた。水を注ぐと、水面が薄紅色に染まるのがまた艶っぽく気に入っている。

「私が女性として、色気のある人になりたいと思う気持ちが、器に表れているのかもしれません」

繊細な細描は機械では作ることができない。「大好きな細描が自分の手から生み出せる喜び。それをだれかが『好きだ』と手に取り、同じように幸せな気持ちになってくれるのだとしたら、こん

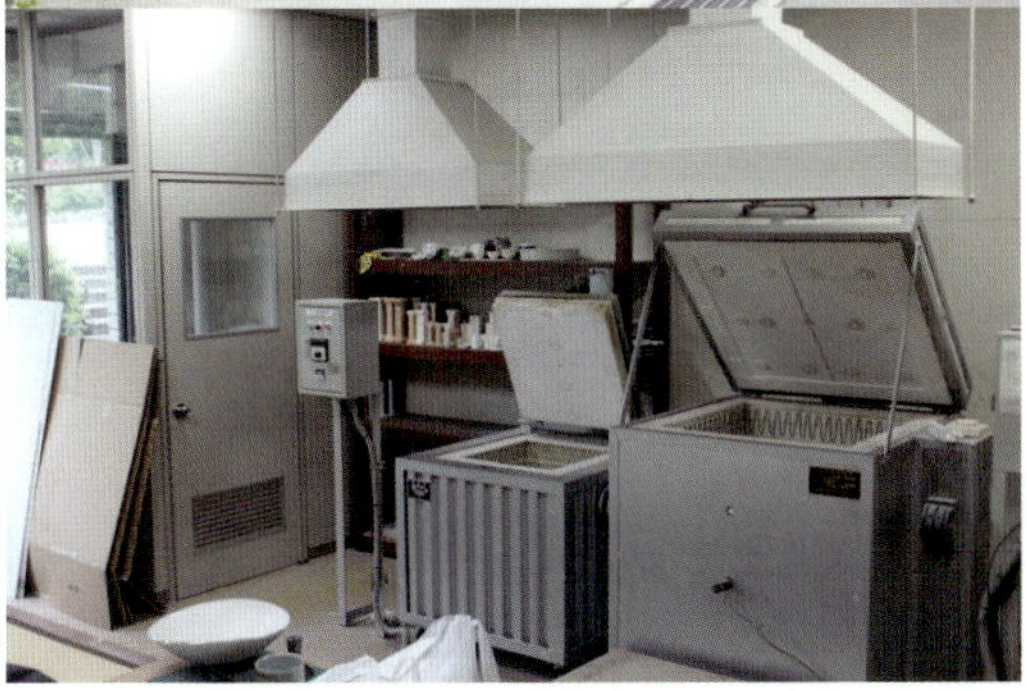

上／金沢市の中心部にほど近い金沢卯辰山工房
下／工房の内部。陶芸だけでなく、漆芸、金工、染色、ガラスを扱う同世代の作家が集まる

子供のころからパズルが好きだった。いまは白い空間を埋めてゆく作業に没頭している

なに幸せな仕事はありません」。今の吉村には子どものころに覚えた無性な寂しさはない。

卯辰山は金沢市の中心地から近い場所にありながら豊かな自然が残っている。工房の近くをカモシカが横切って行くこともしばしばだ。金沢卯辰山工芸工房の研修者たちは、いろいろな動物が、外に置かれた研修生たちのちょっと奇抜な作品の間を通っていく風景を、親しみを込めて「ギャラリーもののけ」と呼んでいる。四季の移ろいと創造とを五感で感じられる環境は、そのまま絵付けのモチーフにつながっている。

イケヤン★には、研修所の先輩でもある山下紫布（Ｐ32）に誘われ、２０１１年の夏から参加するようになった。そのオーディションでグランプリを獲得した。

「陶芸家個人にも発信力が必要な時代だと考えています。作陶するだけでなく、自分を売り出し、世に伝えていくプロデュース力が必要だと。日ごろは工房に引きこもりがちな陶芸家が集まって情報交換できるイケヤン★は、そういった感覚も切磋琢磨できる貴重な場です」

吉村の夢は、日本だけでなく海外でも赤絵細描の作品を発表し、後世にその技法を伝えていく一人になることだ。長く仕事を続けるために、身体と視力の維持に気をつけている。出会ったときに〝まるで恋をした時のように胸が締め付けらた〟赤絵細描に、吉村の身も心も夢中になるばかりだ。

IKEYAN★
MEMBER

PROFILE

吉村茉莉（よしむらまり）
石川県金沢市出身／1988年12月31日生まれ
2009年　金城大学短期大学部美術学科
陶芸・オブジェコース卒業
2012年　石川県立九谷焼技術研修所研究科
卒業
現在　金沢卯辰山工芸工房 在籍

GALLERY_ 作品が買える/見られる場所

★ 石川県立伝統産業工芸館
石川県金沢市兼六町1-1
TEL：076-262-2020
★ 縁煌 enishira
石川県金沢市東山1-13-10
TEL：076-225-8241
★ ギャラリーアルトラ
石川県金沢市下堤町7 アルトラビル2階
TEL：076-231-6698

牟田陽日

Yoca MUTA

和洋・今昔折衷で表現する九谷色絵磁器

波のように流動的なフォルムに、葛飾北斎や伊藤若冲を彷彿とさせるようなクジラの絵柄。水木しげるのマンガのような雰囲気もある。牟田陽日の代表作の茶碗「えびす」は、日本の伝統と現代のポップカルチャーとが共存する、個性あふれる作品だ。

「私の作品は和洋折衷だとか、昔と今の中間地点のようだと言われます」と話す。牟田はイギリスで現代美術を学

んだ後、九谷焼の技術に出会い、独自のドローイング（線画）を色絵磁器に施す表現の可能性を探っている。「アートと工芸の中間」の作家だ。

近現代の作家や窯元の試みによって、九谷焼の伝統的技法にも、新しい色彩表現が増えている。牟田の作品も、細い筆で描いた線の上に、さまざまな上絵釉薬で自由に色をつけ、金銀彩を重ねたものだ。初めて作ったという抹茶碗「libido」でも、描き込まれたカマキリなどの昆虫や花々が鮮やかなネオンカラーに彩られている。

「留学先のロンドンから一時帰国中に、九谷焼を目にする機会があり、興味を抱いていました。色絵によって絵画的な絵付けができる九谷焼はとてもオリジナリティーの強い焼き物です。でも、海外はおろか東京でもそれにふさわしい注目を浴びていません。九谷の可能性を探ってみたいと思いました」。九谷に惹かれた理由を牟田は語る。

初めて制作した抹茶碗「libido」。植物が咲き乱れるような図柄の中に、カマキリや猪などの昆虫や動物が同化するように描かれている

「元々美術をやっていて工芸の畑にはいなかったので、器はこうあるべきとか、産地によって存在するような価値観にとらわれない作品づくりはできると思います。たとえば九谷の場合、上絵の中に鉄粉が混ざり込んでブチ（斑）ができてしまうのを良しとしませんが、私はそれもひとつの味わいと捉えられます」

牟田の制作姿勢はどこまでもフレキ

動植物はファインアートを志向した時からの変わらないテーマ。波間から顔を覗かせるクジラは幻想的なイメージをもまとっているシブル（柔軟的）だ。

「デッサンから入って油絵と、西洋的な絵の描き方を勉強してきたことも、一つの面白さになっているかもしれません。現代美術作品を作っていた時からのモチーフである幻想的な動植物に加え、東洋的題材の松竹梅、牡丹のほか、浮世絵の波や滝なども共に描き込んだりもします」という。「日本の古典文様や画題と、西洋的ドローイングを足して、日本のマンガなどのタッチで割ったような感じ」と、自らの作品の表情を説明する。

牟田は幼いころから絵を描いたり物を作ることが好きだった。東京という国内外のアート作品が鑑賞しやすい環境で映画やマンガ、アニメなどの影響も受けながら育ち、「自然に」現代美術を志した。ゴールドスミスカレッジでは彫刻、写真、映像などさまざまな表現手法を試し、卒業後も制作活動を続けていた。

２００８年に制作したビデオ作品「echo」には、動植物をかたどった家具や装飾品というインテリアを登場させたが、この制作過程で生活用品という存在の面白さを感じた。その表現の手段として選んだ素材が、磁器であった。

ギリシャの美術館でみたB.C2000年ころのテラコッタの壺が忘れがたい。太古の風俗・神話が現在にまで残されたのも、「陶」という表現方法があったからこそと思う

「これまでも、表現したいものによって素材を変えてきました。ロンドンにいるころは、石こうや樹脂を使うことが多かった。それぞれのアート作品の素材には適していましたが、長期的に保存が効くものではありませんでした」。学生時代にギリシャの美術館で見た、紀元前２０００年ころのテラコッタの壺には、当時の祭事風景の絵柄がくっきりと残っていた。陶磁器は何千年もその姿を残すことができる。そして、土という直接的に手で形状を変えられる素材は自分にとって扱いやすい素材でもあっ

た。土を素材にし、人々の手に渡り、生活の一部になっていく「器」に牟田の関心は向かっていく。

牟田は２０１０年にイギリスから帰国。石川県の九谷焼技術研修所で2年間、作陶を学んだ。現在は東京の実家

伝統技法への深い理解と、卓越した線画技術の高度な融合

作品は人の手に渡り、生活のなかに組み込まれることによって成立する、と考えている。九谷焼の伝統を踏まえた酒器

海外で美術を学ぶ過程で、日本人の美意識と工芸の深い結びつきに思いをはせた。「土」という素材にも、歴史を貫く強さを感じている

の居間を作業場とし、ベランダに窯を設置して作陶をするほか、石川県にも農家一軒屋を制作スペースとして借りている。二つの場所を行き来するのでスケジュール管理などは大変だが、多様なジャンルの展覧会やイベントに行けて人にも会いやすい東京と、産地であるがゆえ制作環境に恵まれ、自然が豊かで、季節ごとの美と食が楽しめる石川、双方のメリットを享受している。

人と話すことは好きな方であるという牟田。研修所を卒業したあと、半年ほど工芸品を展示、販売する仕事に就いていた。陶磁器も販売したが、器の作られた背景や、手仕事の特徴を細かく説明すると、最初は関心のなかった人も商品を買ってくれる。そんな経験もあって、お客さんとの対話は大切にしている。個展でも上絵付けのワークショップを開催し、来場者と交流を続けている。

イケヤン★に最初に参加したのは2011年の夏。研修所の仲間に誘われたのがきっかけだが、他産地の陶芸にたずさわる人と交流を持ちたかった。

「他の作家と話すことで、制作姿勢の厳しさや幅広い視野の一端がうかがえます。そこから少しずつ陶芸の世界が見えてきます」と、参加の意義を語る。

「器はお客さんに触って見てもらえます。抹茶碗などはそれだけで美術品でもありますが、手にとってのぞき込んでもらったときに愛着を感じていただけるものを作っていきたいです。さらに使いながら器の命の片りんを感じてもらえるような作品を心がけています。私の作風は絵画的な要素が強いので、日常生活になじむ工芸とは少し違うかもしれません。実用的であるということにどう寄り添っていくか、それがこれからの課題です」

牟田はひとひねり、ひと筆に意思を込め、自らの器に命を宿そうとしている。

東京と石川、2か所に拠点を構える。首都と産地それぞれから受ける恩恵を作品づくりに活かす

IKEYAN★ MEMBER

PROFILE

牟田陽日（むたようか）
東京都三鷹市出身／1981年9月14日生まれ
2008年　ロンドン大学 ゴールドスミス カレッジ ファインアート科 卒業
2012年　石川県立九谷焼技術研修所　卒業
現在　東京都と石川県の工房にて作陶

GALLERY _ 作品が買える/見られる場所

★ 六本木ヒルズアート＆デザインストア
東京都港区六本木6-10-1 六本木ヒルズ 森タワー ウェストウォーク3階
TEL：03-6406-6875

★ 日本橋三越本店　工芸サロン
東京都中央区日本橋室町1-4-1 本館6階
TEL：03-3274-8464

★ 縁煌　enishira
石川県金沢市東山1-13-10
TEL：076-225-8241

★ ギャラリーアルトラ
石川県金沢市下堤町7
TEL：076-231-6698

★ ギャラリールンパルンパ
石川県野々市市本町1-29-1 スマイリー1階
TEL：076-287-5668

★ 伊丹市立工芸センターショップ
兵庫県伊丹市宮ノ前2-5-28
TEL：072-772-5557

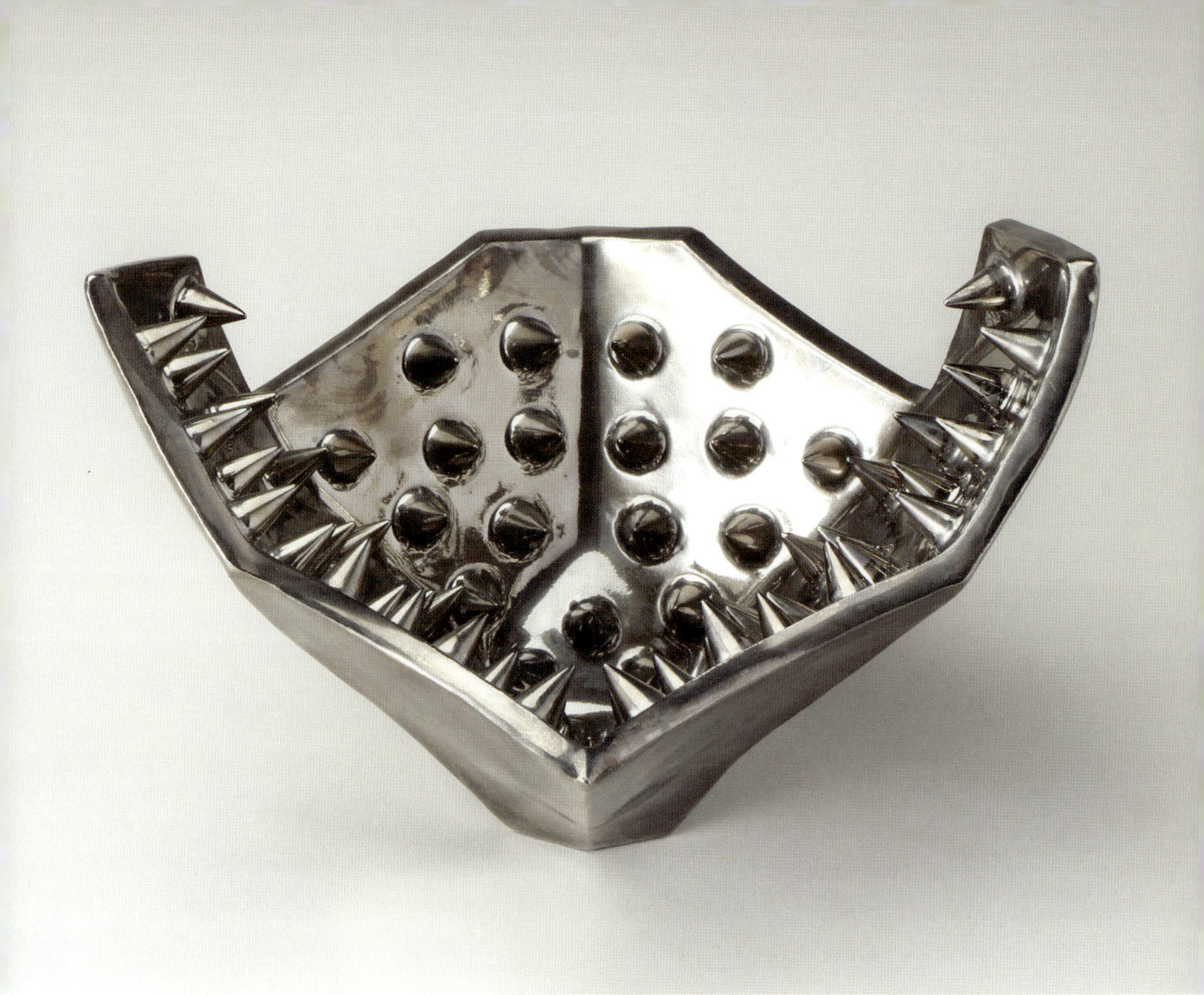

大学時代の恩師から「海外で表現するのは義務」という言葉を掛けられた。ミラノサローネにも出品。視線は海外を見据える

鹿児島県の北西、東シナ海・八代海に囲まれた長島本島。限りなく青い海と明るい陽光の下で古賀崇洋の作品は作られる。「長島は南米やラテンみたいなエネルギーがあるところで、ここへ来てから自然と作品が明るくなりました」と話す。具体的には「引っ越すまでの佐賀では白と黒色しか作らなかったけど、長島に来て最初に青色を作ろうと思いました」と言う。ガラス細工の薩摩切子にも魅了され、古賀の陶器の彫りに生かされている。

切子や黒じょかなど鹿児島の伝統工芸と、ポップカルチャーから得るインスピレーション

古賀崇洋

Takahiro KOGA

日本各地で出品し、イタリア・ミラノサローネでも手ごたえを感じた。それでも、この長島という一周40キロの島で作品を作り続ける。「自分は九州で育って、地元が本当に好きなんです」。九州全体の活性化を目指して画家や、映像などの若手クリエーター4人が集って刺激しあいながら活動してきた。あるときは、クラブでろくろを回した。ある種カオスともいえる状況だったが、若者を中心に盛り上がった。「活動を通して、作家として大成することが何よりも大切だと分かった。それが結果として地域貢献や地元発のコンテンツになれば」という。

周辺で採れる天草陶石は可塑性が高く、配合しなくてもきれいに白く焼きあがる。初めは「世界一白い」と呼ばれるこの素材に着目し、凹凸に彫って陰影をつけていった。あるとき、天草陶石が「白い宝石」とも称されてきたことに気づき、幼少期に魅了されたドラゴンボールZのキラカードを思い出す。このキラカードを「幼少期の憧れ」に抽象化し、薩摩切り子から得たインスピレーションと組み合わせて、「切羅(キラ)シリーズ」を作った。いつまで眺めていても見飽きない光と形式美が、子

自分の作品とともに、世界中を旅したい。そして未知の風景や人々と出会いたい

遊び心ある作品づくりを心がけている。ドキドキ、わくわくしながら使ってほしいと願う

供のころの憧れを思い出させる。最近は、長島の海を投影するような青磁をはじめ、さまざまな色釉で濃淡を出したり、銀、銅などを釉薬としたメタリックな作品に挑むなど、表現の幅を広げている。

陶芸との出会いは、佐賀大学1年生のとき。自分で手がけたものが、窯から取り出すと生まれ変わったような作品となる魅力にとりつかれた。オブジェを中心に作陶。大学卒業後も美術の非常勤講師をする傍ら、有田の製陶会社でデザインと型の製造を手掛けた。

24歳のときに、長島の伝統焼酎「さつま島美人」を生産する焼酎会社の好意で長島町に工房を借りて、本格的な作陶を開始する。「陶芸をやっていない自分が想像できない」ほど、どっぷり浸かった。現在は、午前中は「さつま島美人」の仕込みに携わり午後から作陶という日々だ。仕込みのピーク時には、週1回の休みだけで働いている。焼酎の仕込みも作陶に役立っている。焼酎をお燗する「黒じょか」や「片口」など酒器を積極的に作るようになった。

関心は、陶芸だけに収まらない。ファッション、アニメ、漫画やSFなどのサブカルまで幅広い。「日本のアニメは世界に誇るべきもの。フォルムの面白さは作陶にも大いに参考になる」という。キラカードをモチーフにした切羅

彫り込みで生まれる陰影が独特のニュアンスを生む

シリーズは前述した通りだ。

目指している作品は「人が喜んでくれるような器、人が驚くようなオブジェ」と明確だ。イケヤン★の「遊び心」は古賀の志向にも合致する。「たくさんの人と出会い、作品を見てもらえる機会が増えた」意義は大きい。

古賀は大学時代の恩師が言った「海外で表現するのは義務だ」という言葉が今も心に残っている。「日本だけでなく海外で作品を発表し世界中の人に通用する作家になりたい」という目標を掲げる。世界の人々から愛されている日本のアニメように、古賀の作品は海を渡る日を待っている。それまで長島で「老若男女問わず、驚きわくわくする作品づくり」に日々研究を重ねる。

美しい青い海の近くで暮らす。環境から受ける影響は大きいという

IKEYAN★ MEMBER

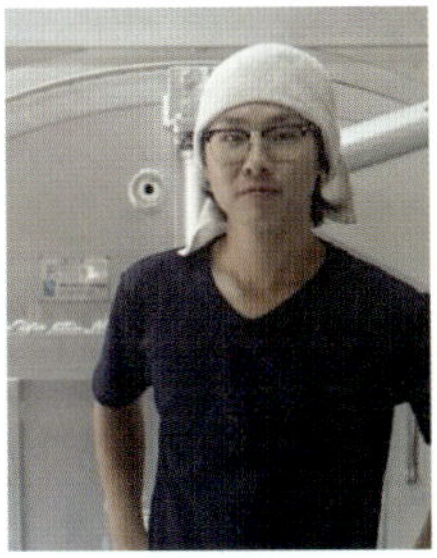

PROFILE

古賀崇洋（こがたかひろ）
福岡県小郡市出身／1987年5月22日生まれ
2010年　佐賀大学文化教育学部
美術工芸課程窯芸課程卒業

GALLERY _ 作品が買える/見られる場所

★ 六本木ヒルズ　A/D ギャラリー
東京都港区六本木6丁目10-1
TEL：03-6406-6875

★ 白白庵
東京都港区南青山二丁目17-14
TEL：03-3402-3021

★ Phoebe
石川県金沢市片町1丁目1-28
TEL：076-254-6438

★ ギャラリーやすこうち
福岡県北九州市小倉北区大手町3-1
コープ野村ビル 2階203号
TEL：093-562-0048

★ 杉本酒造合資会社（鹿児島）
鹿児島県出水郡長島町蔵之元949番地
TEL：0996-88-5335／FAX：0996-88-5465

★ Marcello Gallery（鹿児島）
鹿児島県出水市緑町24-2
チッタ・ヴェルデ 1F

河端理恵子

Rieko KAWABATA

伝統を守りつつ新たな風を吹き込む九谷焼

赤い線で繊細に描かれた花の模様。石川県小松市出身の河端理恵子が手がける作品からは、「赤絵細《あかえさい》描《びょう》」という地元の九谷焼独特の伝統技法を守りながらも、その枠にとどまらない彼女の独創性をうかがうことができる。

「線は繊細に美しく、自由に斬新で楽しい赤絵が描けるように心がけています」と語る河端。本来、九谷焼における

ここまでの作陶歴を代表する酒器。特徴的なフォルムは、ひょうたんをイメージした

赤絵細描とは、白い器に赤い線で模様を描く技法のことをいう。彼女はこの技法に新たな風を吹き込んだ。河端が手がける赤絵細描では、カラフルなメタリック絵具の上に赤線で繊細な模様が描かれる。

黒地に赤絵細描を施した杯。描かれているのは海藻が海の中でゆらめくイメージ

この手法にたどり着くまでには数多くの失敗があった。色絵具の上に赤を描き焼成すると、下地の色に赤が溶けて線が薄くなってしまったり、細描が目立たず映えなかった。九谷焼技術研修所の研究科で1年間を試行錯誤に費やし、現在の技法を編み出した。そのかいあってか、２０１３年の夏のイケヤン★でグランプリを獲得。２０１４年３月開催の第37回伝統九谷焼工芸展で奨励賞を受賞した。この受賞は苦難の末作り出した作品が、従来の九谷焼の文脈でも認められたという点で大きな意味があった。

河端が作陶の世界に足を踏み入れたのは28歳のとき。それまでは陶芸の制作風景を間近で見たことすらなかったという。２００８年から０９年にかけて、ワーキングホリデーでニュージーランドに1年間滞在、海岸線をたどりながら全土を巡った。その後、オーストラリア、東南アジアでバックパッカーの旅を続けた。異国を旅するなかで自国日本の伝統文化を見つめ直し、伝統工芸の魅力を再発見してゆく。

灯台下暗しとはこのことを言うのだ

ろうか。好運にも、自身の故郷である石川県は九谷焼を始め、他の都道府県と比べて多くの伝統工芸品に囲まれており、その技術を学ぶための学校もあった。特に陶芸だけにこだわっていたわけではなかったが、作品の色合いが自身の好みで、自宅付近にあったことから九谷焼技術研修所の門をたたいた。それまで専門的に絵を学んだこともなく、絵付けをはじめとする技術はすべてここで身につけた。

手のひらに収まるサイズの花器

河端が夏のイケヤン★に参加したのは２０１３年から。九谷焼の展示会では渋いイメージがつきやすいが、イケヤン★の雰囲気は全く違い、イマドキでオシャレな若者が集う。作品にオリジナリティを求める彼女にとって、同世代の作家が集まる夏のイケヤン★への参加は良い刺激になった。そして初参加でいきなりイケヤンオーディションのグランプリを獲得、作品は全国を巡回した。巡回展がきっかけで、さらに多くの人々から自身の作品に興味を持ってもらえるようになったという。同時に「グランプリ受賞者として頑張らないと」と自分を奮い立たせるようにもなった。

白以外の器に赤絵細描を施すという、九谷焼の「色彩」に対する挑戦は成功した。そして現在、彼女は新たな九谷焼のスタイルを自身の力で創造したいという意欲に燃えている。それは「形」

IKEYAN★ MEMBER

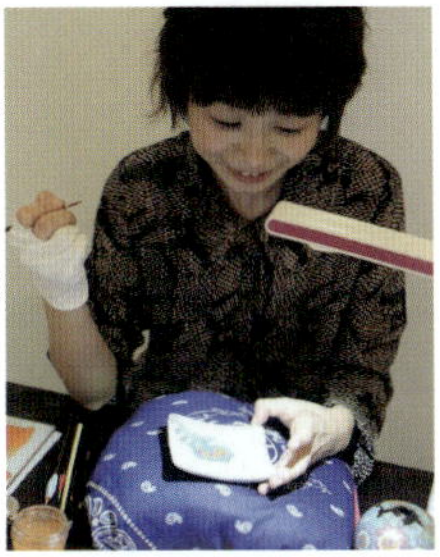

PROFILE

河端理恵子（かわばたりえこ）
石川県小松市出身／1982年1月8日生まれ

2012年	石川県立九谷焼技術研修所 本科卒業
2013年	石川県立九谷焼技術研修所 研究科卒業。福島武山氏に師事
現在	石川県能美市にて作陶

GALLERY＿作品が買える/見られる場所

★ 縁煌（えにしら）
石川県金沢市東山1－13－10
TEL：076-225-8241

★ ルンパルンパ
石川県野々市市本町1－29－1
スマイリー１階
TEL：076-287-5668

★ ギャラリーアルトラ
石川県金沢市下堤町7-2
TEL：076-231-6698

への挑戦だ。九谷焼の工程作業は分業がされていて、素地師が制作した器に、絵師が繊細な彩色をする。しかし河端は素地の工程から自分で手がけ、さらにそこにオリジナルな赤絵細描を施したいと考えている。

河端理恵子にはさらなる夢がある。それは海外で自分の作品を認めてもらい、日本の伝統工芸しいては九谷焼を広めること。海外経験を経たことから、それまで興味のなかった日本の工芸品の魅力に気づいた彼女。自分の作品を通じて、陶芸に興味がない人々に、過去の自分がそうであったように興味を持つようになってほしい。そう願いながら、今日も「河端だけのオリジナル」を作り続ける。

インド、ネパールのヘナタトゥーからの影響を受けた文様

大胆に流し込まれた釉薬が、ダイナミックな景色を描いた

近くにいれば当たり前にしか見えないものが、外から見て初めて魅力的に映ることがある。和田山真央が陶芸に出会ったのは、アメリカ留学中のことだった。

高校の教師になろうと、英語を学ぶためアメリカのサウスダコタ州立大学に留学。一般教養課程で芸術のクラスを受講したとき、ものづくりへの興味が湧いた。デッサン、ＣＧ、写真、油絵、版画…さまざまな表現技法を学んでみて、最も魅力を感じたのが陶芸だった。土という素材に直接触れて成形した後、手では触れることのできない焼成という過程を経て作品ができあがる。自由なようで、制約がある。その面白さにひかれ、陶芸学科に進むことを決めた。

陶芸学科では、土を粉から作り、たたらで成形し薪窯を使った。薪は自分で割った。作陶を学んでいく過程で、伝統

米国で培った日本の陶芸への想いが生み出す器型のオブジェ

和田山真央

Masahiro WADAYAMA

の釉薬がいくつもある日本の陶芸は、最先端のものとして紹介されていた。日本にいるときは、焼き物は当たり前のように生活の中にあり、特段それについて考えてみたこともなかったが、海外から見ることで、一歩ひいた立場で見ることができた。

独特の形状と質感の作品で知られる陶芸家・三原研に憧れ、「日本で勝負したい」と、卒業後に帰国。知人の日本画家の紹介で、大阪の女性陶芸家・昼馬和代に師事することになった。昼馬のもとへは週1回通い、手伝いをしながら窯を使わせてもらって、作業の合間合間に昼馬が作陶する様子を見学する。堺市の文化交流プログラムで、ニュージーランドでのアーティスト・イン・レジデンスなども体験しながら、昼馬から学んだ、手びねりで作る「器型のオブジェ」の作

器は総合芸術だと考えている。そこで培ったベースを作品制作に生かしている

〈胎土〉有機的なフォルムに無機質な釉薬を使う矛盾をはらみながらも、静謐で調和した印象を与える

陶の腕を磨いた。国内外で個展を開いたり、さまざまな賞を受賞するなど順調な活動を続け、２０１１年には自宅兼工房を構えた。

代表作品のタイトルは「胎土」。その前に作っていたシリーズの「unborn」とともに、生命をテーマにしている。「胎土」は2つのパーツに分かれていて、細胞が分裂する瞬間をイメージしたものだ。「有機的な形に、無機質な釉薬で一つの作品の中に矛盾を表しています」と語る。作陶するうえで重視しているのは、カーブなどアウトラインの出し方。自分らしいラインが出たものに、色をつけている。もともと「生命の根源」についてといった抽象的、宗教的なものに思いを巡らせるのが好きだった。映画鑑賞が趣味で、印象に残ったものはタルコフスキーの「惑星ソラリス」。「現実と非現実が混ざり合うストーリーや映像の雰囲気にひかれました」と説明する。

器の形状をベースにしたオブジェだけでなく、実用的な器も作陶している。「器は総合美術です。器のベースがあるからこそバランスのとれたものが作れる」と語る。和田山が作る器は、毎日使ってもらうことを目指している。「何か食べたいな、と思ったら、それにあった器を作っています。季節にとらわれず、物置にしまわれずにずっと食器棚に置いてもらえるようなものにしたいです。実際の生活で使ってもらうことの大切さを大事にしたいと思います」と言う。

一方で、アメリカで学んだ経験から、

こうも感じている。「陶芸だけにかかわらずですが、日本の伝統や技法の〝凄さ〟というのは伝わりにくいのかもしれない。形や使い方など、様式美などは他の国、現在の日本において、少しズレが生じ、理解できないこともあるのではないかと。日本の陶芸のすごさ、深みなど、日本人は凄いぞ!ということを広めていければと思います」

現在の作陶環境は、大阪のベッドタウンの中。他の陶芸家と物理的距離があるところが良い、と言う。「なるべく無所属でいたいと思っています。他に影響をされやすいので(笑)」

　とはいえ、他の陶芸家との交流を避けているわけでもない。「イケヤン★には、2013年のオーディションに参加したのがきっかけです。若手陶芸家の集まりとはどんなものなのか、まず見てみようと思って行きました。結果、仕事を頂けましたし、他の作家さんからいろんな刺激を受けました」

　人と会うタイミング、作品を見てもらうタイミングを大切にしてきた。「何かのせいにするのをやめて、作りたいものを一生懸命作ることが大事だと思います」。和田山の原点はここにある。

IKEYAN★
MEMBER

PROFILE

和田山真央(わだやままさひろ)
大阪府大阪狭山市出身/1985年1月5日生まれ
2008年　サウスダコタ州立大学　卒業
2009年　昼馬和代氏に師事

GALLERY_作品が買える/見られる場所

★六本木ヒルズ アート&デザインストア
東京都港区六本木6-10-1
TEL:03-6406-6280

★ならまちカフェ&ギャラリー たちばな
奈良市西寺林町18-1
TEL:0742-31-6439

★くらしの器と切子ガラスの店 結
京都府京都市 中京区尾張町212-1
TEL:075-334-5821

★wad omotenashi café
大阪府大阪市西区新町1-9 -14 2F
TEL:06-7505-2095

★a.c.m アートカフェムツミ
大阪府和泉市府中町1-2-23
TEL:0725-41-0448

★JIBITA
山口県萩市古萩町25-27
TEL:0838-25-6994

水谷美樹

Miki MIZUTANI

人生その時々の気持ちを映す器づくり

水谷美樹の作る器は変化を繰り返している。「飽き性なんだと思います。同じスタイルのものを作り続けるのではなく、一つの形から派生してまた次のタイプの器を作っている。その時々の自分の感覚を映した作品を作っているので、仕方ないです」

最近の水谷は釉薬を使った、食卓に馴染むような色合いの器を作り始めた。得意でなかった料理を意識的にするようになったことから、料理を盛ったあとの雰囲気を考慮するようになった。「和食や、体にやさしい料理を盛ってもらえたら、と思っています」

それまでの水谷が主に作っていたのは、釉薬を使わず土に顔料を混ぜ込んで焼いた作品だった。乳白色をベースに鮮やかなパステルカラーを配し、空の雲や小鳥のようなぽってりしたフォルムの器は、どこかほっこりする水谷の代表作だ。そのオリジナリティーが評価され、これまでで一番長く作っているシリーズでもある。そこに水谷は満足しない。「これまで作ってきたものは、料理や何かを入れなくても、器単体でその色や形を楽しんでもらうようなものでした。でも今は用途をじっくり考えて、もっと普段の生活に入り込んだものを作りたくなりました」と話す。「それに、顔料だと窯に入れる前から発色がわかってしまう。焼成してみて初めて色がわかる釉薬を試してみたくなったんです」と説明する。

小さいころから手を動かすのが好きだった。母は書道の先生で、水谷も2歳のころから文字を書いていたという。「絵も好きで小学校のときの私の机は、落書きで埋め尽くされていました。スポーツ大会があれば率先してTシャツをデザインしたり、ものづくりが好きな子どもでした」と振り返る。

窓をイメージした、淡いグラデーションが印象的なマグカップ

花器いろいろ。釉薬を使ったシリーズでも人為的でない自然な色の組み合せを探っている

初めて焼き物に触れたのは高校生のとき。ひんやりした気持ちの良い土の感触、手で直接触れ、形にしていく面白さを新鮮に感じたことを覚えている。

美術系の大学に進みたい、という気持ちはあったが、経験がないからとあきらめ、文系の学部に進学した。ベトナムでの研修など学生生活を楽しんだが、3年生の終わりころ、周囲が一気に就職活動を始める様子に「何かが違う」と違和感を覚えた。自分は何をやりたいのか――、見つめ直してみると、そこにあったのは、ずっと胸の中でモヤモヤしていたものづくりへの思いだった。「やってみてダメだったら向いていなかったとあきらめよう」というおおらかな気持ちで、ものづくりで生きていく道を模索することに決めた。

1年間デッサンの教室に通い、「せっかく作ったら自分で使いたい」と、実用的で最も身近に感じていた焼き物を勉強しようと、多治見市陶磁器意匠研究所を受験し合格。27歳までと応募資格に年齢制限がある意匠研で、同年代の陶芸を志す仲間を得、「なぜその形にするのか」「デザインとは何か」というものづくりに対する考え方を学んだ。

修了後は岐阜県セラミックス研究所でデザイナーの手伝いの仕事をし、1年後、クラフトフェアで声をかけられた窯業関係の会社に所属、その後は窯業原料を販売する会社でのアルバイトで生計を立てながら、帰宅後、2匹のネコが待つ自宅で、夜中まで自身の作陶に励む日々だ。

意匠研2年生のときに、イケヤン★オーディションに出した作品もまた、真っ白な器の高台に模様を彫ったもので、前述のシリーズとは全く違う印象のものだった。「見る側からすれば統一感はないかもしれませんが、器にはどう

食べることが好き。食器は料理を盛ったあとの雰囲気まで考えて作る

してもその時々の自分の気持ちが表れてしまいます。これからまた多くの生活の変化があると思うので、あまりこだわらず、自分のペースで長くやきものを続けていきたいです」

水谷が作品づくりのために心がけているのは「人と話す」こと。「人、例えばお客さんと話すだけで新しいものの見

モダンなデザイン感覚が光るそば猪口

方ができたり、考えを発展させたりできます」。イケヤン★は「普段、なかなか知り合うことのできない地域の人たちと会い、焼き物の話ができる」格好の刺激の場だ。

まだ27歳。「成長を楽しんでもらいたいと思っています」。現状に決して満足しない〝飽き性〟水谷の言葉にワクワクする。

IKEYAN★ MEMBER

PROFILE

水谷美樹(みずたにみき)
三重県桑名市出身／1986年11月8日生まれ
2009年　南山大学総合政策学部　卒業
2011年　多治見市陶磁器意匠研究所
　　　　デザインコース　修了

GALLERY_作品が買える/見られる場所

★ ぎゃらりー幸福堂
静岡県藤枝市宮原775-4-2-3
TEL:054-639-0661

★ CHA-CHA
岐阜市橋本町1-10-1 アクティブG 3F
TEL:058-267-7055

湯呑み茶碗でもあり、オブジェでもある。山口由次の作品からは作家の柔軟な発想がうかがえる。「普段の生活で器として使ってもらっても、オブジェとして楽しんでもらっても構いません。自由な発想で使っていただければと思います」と山口は語る。自由な心で作陶し、顧客にもその陶器を自由に使ってほしいというのが山口のスタンスだ。「自由な心で万人受けしない作品を作りたい」とも言い切る。

「自由」を表現するためには、苦労も手間も惜しまない。代表作として挙げた作品は、ろくろで四つのパーツを制作し、これを組み立てて一つの形にする。見る角度によって異なった表情になり、躍動感が生まれる。装飾もドット（点）が持つ「かわいらしさ」、金が放つ「きらびやかさ」、角《ツノ》の「かっこよさ」「強さ」を施した。見る角度によって異なった色彩、印象を堪能できる作品に仕上がる。釉薬も、つやのあるものとマット（不透明）なものを組み合わせて、作品の質感を重視するという、こだわりようである。

祖父も父も陶芸家。自然な流れで
陶芸の道に入り現在に至る

父も祖父も陶芸家という家庭に育った。祖父は織部や黄瀬戸、志野などの伝統的な茶道具を制作していたが、父はその流れを受け継がず、オブジェのほか、粉青や油滴天目の器といった独自

ろくろで4つのパーツを作ってから、一つの形にする。やさしさの中にも力強さを感じさせる作品だ

山口由次

Yuji YAMAGUCHI

器？オブジェ？「自由」を追求する陶芸教室主宰者が作る独特なフォルム

の作品を作っている。その子の山口も全く違う方向で作陶活動している。それぞれが自由に好きな道を歩んでいる。「自由」は山口家のＤＮＡでもある。

幼いころから作陶風景を見て育った山口にとって粘土は、遊び道具の一つだったという。「粘土で怪獣を作った記憶があります」。陶芸を家業とする家に育った山口は自然に陶芸家への道を進んだ。高校も陶芸を学べる学校を選んだ。「遊んで日々が過ぎていくことが多かったですが」と言う山口。卒業後、就職した陶芸教室は2年後に閉校。それを機に自身の陶芸教室を開いた。

自分の作品を気に入ってくれた人が、特別な時間に使ってもらえれば至上の喜び

山口が設立した陶芸教室「遊陶里《ゆとり》」には現在、80人ほどの生徒が在籍している。「定期的に通われている方は半年ほどで上達します」という。山口は生徒に作るものを指定しない。生徒は自分で工夫し、自由な発想で作品制作に取り組む。教室では釉薬を20種類、粘土も4、5種類そろえているため、生徒が作る作品は多種多様である。自由な発想を尊ぶ山口らしい指導だ。

イケヤン★参加の経緯は少々変わっている。自らを「人見知り」という山口は、他の陶芸家との交流も少なかった。「そんなに暗いのはダメ！」という妻が勝手にイケヤン★に応募したという。2012年のことだ。最初は「どうしよう」と迷いながら参加したが、今となっては「多くの人と交流でき、作品作りの刺激になっています」と妻に感謝しているという。

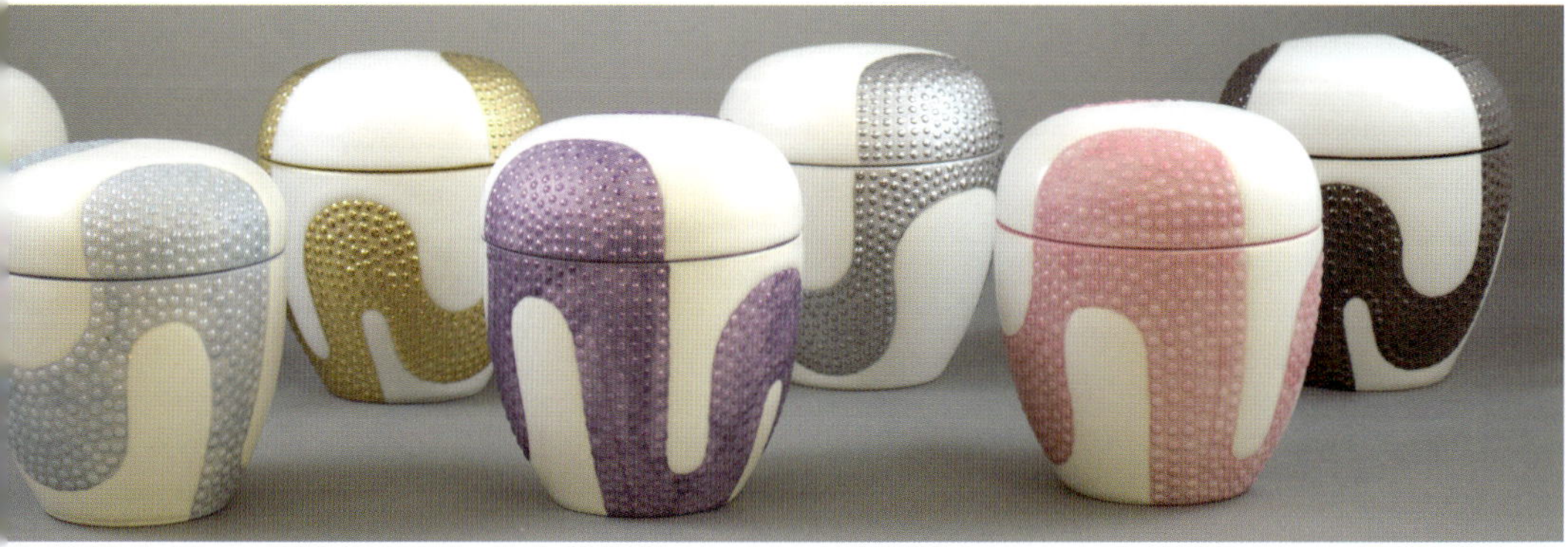

必ずしも万人受けする作品である必要はない。用途も使う人にゆだねている

IKEYAN★
MEMBER

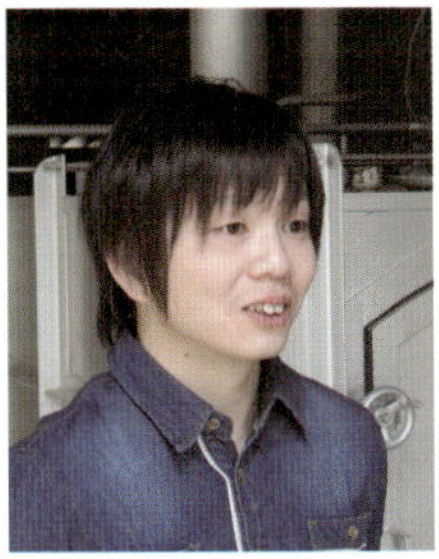

PROFILE

山口由次（やまぐちゆうじ）
愛知県瀬戸市出身／1983年11月3日生まれ

2004年	愛知県立瀬戸窯業高校　卒業
2006年	陶芸教室遊陶里開校
2008年	瀬戸市美術展　奨励賞
2010年	第41回東海伝統工芸展　入選
2012年	山口由次陶展（ANAクラウンプラザホテルグランコート名古屋）
2013年	浜名湖アートクラフト大賞 2013　大賞 Stylish Ceramics from Milano Salone展（恵比寿　三越） 現代茶の湯スタイル展「縁」feat.「利休にたずねよ」（西武　渋谷）
2014年	ISETAN茶会（伊勢丹新宿）
現在	自身の陶芸教室を経営しながら、作陶

GALLERY＿作品が買える/見られる場所

★ ROPPONGI HILLS A/D GALLERY
〒106-6155　東京都港区六本木6-10-1
六本木ヒルズ森タワー　ウェストウォーク3階
TEL：03-6406-6875

　陶芸教室の経営や数々の受賞歴から、山口を順風満帆な人物だと思えるかもしれないが、もちろん悩みはある。日中は陶芸教室の運営に当たっているため、自身の作品制作にあてる時間がなかなか確保できないのだ。現在31歳だが、35歳から38歳までには作陶だけで生計を立てられるようになるのが目標だ。そのためには、「さらに良い作品を作り、認めてもらう必要がある」と自らを戒めることも忘れない。

　目標が実現したら、都会を離れて田舎で作陶することを考えている。「自然とともに自由に」をモットーに。「古民家を自分で改装してギャラリーやカフェなんかもやりたいです」という山口。「カフェは妻に任せます」。なるほど〝人見知り〟のようだ。

主宰する陶芸教室には約80人の生徒が集う

杉本ひとみ

Hitomi SUGIMOTO

おしり。花弁にも、バナナにもおしり「丸み」「張り」を生かしたフォルムのポップな作品

「flower」花弁の中からハイヒールを履いた女性の下半身。見る者誰しもを“ドキッ”とさせる強烈なインパクト

作陶のモチーフは「おしり」。そう、プリプリのヒップ。花弁の中からおしりとハイヒールを履いた女性の足が突き出るお皿、バナナの先におしりと足がつながったオブジェ。杉本ひとみは、おしりにこだわる。おしりと言っても、「特にプリッとした張りのある、2、3歳児のかわいいおしりをモチーフに作ることが多いです」と言う。

奇抜で見る者に強い印象を与える杉本の作品には二つの特徴がある。まずは「丸み」「張り」「ふくよかさ」。彼女が意識的に作っているフォルムだ。28歳の女性の手から次々に「おしり」が作り出されるのも納得がいく。2つ目はカラフルでポップな色彩だ。思わずその世界観に引きずり込まれて、明るい気持ちになるような特質を兼ね備えている。

作品の大きなテーマは「ハッピー」「豊穣」「クスッと笑ってしまうもの」で、と

にかく幸福感を放つ作品を目指している。バナナにおしり、イチゴに鼻、ブドウにおっぱい、サクランボにおしり…。果物と人体の一部を組み合わせることで、果物にも人と同様、生命があるというメッセージを込める。「豊穣」という硬いテーマも杉本にかかれば、笑みが浮かぶ。

子どものころ、家のゴミ箱からプラスチック製のキャップや容器などのガラクタを拾い集めてコレクションしていた。それを時々広げて組み立て、オブジェのようなものを作っていた。やがて陶芸にも関わりが生まれ、粘土に触る楽しさを覚えた。素手で触ると自由に形を変えられる。押せば凹むし、叩けば伸びる。変幻自在。これなら「何でも作れる」と思い本格的に、陶芸の道を歩むことになる。

身の回りのものを全部自分で作ることを夢みたという杉本。大阪芸術大学

「楽園の実」。幅1メートルに迫るオブジェ

上／器のテーマは一貫して華やか、鮮やか、食卓が明るくなるもの
右下／「うつわ咲く」。釉薬の使い方にも試行を重ねる
左下／大量の花をまとった羊の壁掛け。ちょこんと出た足がかわいい

工芸学科陶芸コースへ入学。大学院を経て、同大学陶芸コースの副手として勤務したあと、現在は神戸芸術工科大学に実習助手として勤務している。大学勤務をしながら、自身の作陶に当たる多忙な日々。大学でさまざまな学生と触れ合うことでよい刺激を受けているという。杉本の発想の源はここにもあるのかもしれない。

学生だけでなく、イケヤン★からも刺激を受ける。誘いを受けた大学院時代から参加している。最初は、「ちょっと大きめな飲み会」と聞いていたが、どんどん参加者が増え想像以上のイベントになった。陶芸作家を志す同世代の人たちと出会えたのは、杉本の財産になっている。

IKEYAN★ MEMBER

PROFILE

杉本ひとみ（すぎもとひとみ）
大阪府大阪市出身／1986年2月1日生まれ

2004年	大阪芸術大学 工芸学科 陶芸コース 入学
2008年	大阪芸術大学 工芸学科 陶芸コース 卒業 大阪芸術大学 大学院 修士課程　入学
2010年	大阪芸術大学 大学院 修士課程　修了
現在	神戸芸術工科大学 クラフト・美術学科実習助手として 勤務

「おしり」の印象が強い杉本だが、ほかにも果物、花、動物、赤ちゃんなどをモチーフにした作品を手がける。お菓子のロゴマークをまとったぶた、花の首飾りを巻いて幸せそうなぶた、花びらが絵付けされた器。どの作品も文句なく楽しく、見るだけで自然と笑みがこぼれる。

「私の作品によって、その空間が華やぎ、見た人が笑顔になってくれたらうれしい」

「飽食の時代」。おかしのパッケージの意匠がひしめくぶた

陶芸をしていないときの楽しみはドライブ、旅行、路地裏探検など、とにかく「行ったことのない場所に行くこと」という杉本。独特のフォルムとポップな色彩で、見る者を行ったことのない未体験ゾーンに導いてくれそうだ。

山本淳平

Jumpei YAMAMOTO

細部までこだわり抜いた立体絵本のようなオブジェと陶額

やめられない止まらない――。山本淳平は作品を作り始めると、とことんこだわる。時間を忘れて没頭する。動物をモチーフにしたオブジェ、陶額には、細部まで山本のアイデア、世界観が詰まっている。

「作品で物語を表現できたら、と思っ

「楽園の旅」。大人が両手で抱えてようやく持ち上げられる「ずしり」とくる重さ

ています」と言う山本の代表作「楽園への旅」は、ガラパゴス諸島ピンタ島で最後の1頭だけとなったゾウガメのロンサムジョージをテーマに制作した。「ロンサムジョージが仲間を捜す旅に出たら楽しい。でも、1頭だけの旅は寂しいだろうね。甲羅に街を乗せ、そこに住む人々と一緒に、みんなで旅をしよう」。山本が描く作品の物語だ。

街の住人には、山本らしい細やかなこだわりが表れている。野外でバンド演奏する人、その音楽を楽しむ人、見学する人、バーで飲んでいる人、天体望遠鏡をのぞく人、ジャグリングをするピエロ…街の暮らし、風景、息づかい、生活のドラマが楽しく表現されている。作品本体とは別に小さな飛行機が、おまけのように付いているが、甲羅の上の街から人々が地上に降りるときに乗れるように用意した、という念の入れようだ。「丁寧に細かいところまで表現しています。作品の裏側まで気を配れれば、と思います」。この魅力は写真や画像ではなかなか伝わらない。

ゾウガメのロンサムジョージが見上げる小さな飛行機も作品の一部だ

知多半島・愛知県美浜町で作陶をする山本。両親とも陶芸家で「物心ついた時から周りに陶芸がありました」と言う。幼少期から、両親の知人の陶芸家たちと触れ合い、その一人ひとりから学ぶものがあった、という。本気でアーティストを目指そうと思ったのは高校2年生の夏。大学では彫刻を学び、卒業後に陶芸を習った。もともと絵を描くことが得意だったこともあって、オブジェや陶版に絵本の要素を加えた現在のスタイルを確立する。これには両親の影響も見逃せない。織部はじめ器を主に作っている父親からは陶芸の技法、

いつか絵本を描きたい。陶板作品からも山本の物語への志向がうかがえる

釉薬の使い方を、和人形などのオブジェを手がける母親からは表情の表現法を学んだ。

オブジェだが、同時に唯一無二の絵本でもある。立体絵本というスタイルを確立した山本。絵画の展示会も開いているが、紙や陶板に「絵本」も描いてみたいという。「常に新しいものを模索したい」と語る。

山本は作陶に当たり、まずスケッチから入る。数多くアイデアを出した上で、最も楽しい作品になりそうなものを検討して作業に取りかかる。造形の課程でも、アイデアは次々と浮かんでくる。「作っては壊し、また作っては壊し」を繰り返す。粘土の特性を生かし、膨らむイメージを盛り込んでいく。

造形ばかりではない。絵付けにもこだわる。「楽園への旅」は下絵の具を塗って高温で焼いた後、上絵の具で色づけして低温で焼成―を2回繰り返した。カラフルな色彩はこうして生まれた。当然、一つの作品を完成させるまでには時間がかかる。「楽園への旅」は「2カ月くらい集中作業したかな」と振り返る。

作品を見てほしい、という希望と、一つの作品づくりに時間がかかり個展を常時開催できない、という現実に直面する山本にとって、イケヤン★参加はまさに渡りに船だった。「地元の人だけでなく、外にも出て行きたかった。自分を知らない人たちに向け発表の場が増えたことが一番ありがたかった」という。

個展の機会も増えている。現在も、山本の制作にかかる時間を考慮して「1年後に個展を」というオファーが来ている。ファンは着実に増えている。「1年かけて準備した成果を、個展会場という空間で、作品の実物を通して見てください」。山本の切実な願いであると同時に、作品に対する自信の表れでもあるだろう。

1年でも2年でも山本の作品の完成を待つ価値はありそうだ。そして、この目でしっかり味わいたい。

IKEYAN★ MEMBER

PROFILE

山本淳平（やまもとじゅんぺい）
鹿児島県生まれ、愛知県育ち／1981年8月18日

2004年　沖縄県立芸術大学美術学部
　　　　彫刻学科 卒業
2005年　マレーシアマラ工科大学
　　　　ワークショップに参加
2007年　長三賞陶芸展　入選
2008年　西脇市サムホール大賞展　入選
　　　　（12年入選）
2009年　ナゴヤドームやきものワールド
　　　　新人アーティスト展に参加
　　　　Shigaraki ACT2009に参加
　　　　（滋賀県信楽町。10年も参加）
2010年　新生堂展　うわむき賞
2011年　滋賀県立陶芸の森　創作研修修了
　　　　ワークショップに参加（韓国 驪州《ヨジュ》）
2012年　ビアマグランカイ9　優秀賞
2013年　第26回MBCサムホール美術展 特選
　　　　第4回日本芸術センター
　　　　彫刻コンクール　特別賞
2014年　山本淳平作品展
　　　　（阪急百貨店うめだ本店）

ATELIER_ アトリエ

愛知県美浜町河和北屋敷36-115
TEL：0569-82-0268

宇宙に思いはせる 月焼窯元

筑紫百合子

Yulico CHIKUSHI

特別な人と、特別な思い出をつくりたい場で使われることを願って

「月《つき》焼《や》き」。その名の通り、月面の砂の模擬砂を釉薬に使う。筑紫百合子は唯一無二の月焼の窯元だ。

アポロ計画でＮＡＳＡの宇宙飛行士が地球に持ち帰った月の砂「レゴリス」。月面に流星体が衝突し、クレーターができる際に飛び散った破片からできたと考えられている。非常に細かい粒子の砂で、物性は地球の火山によくある玄武岩に似ている。筑紫が作る月焼きは、レゴリスを月面研究用に模して開発された「レゴリス・シミュラント」を釉薬の材料として使用したものだ。

月焼きを始めたきっかけは、友人との会話中に筑紫がふと口にした「月見酒がしたい」という一言からだ。たまたま月の土壌研究をしている友人の友人がいて、レゴリス・シミュラントを分けてもらえることになった。レゴリス・シミュラントは、ほんのわずかな温度変化

陶芸家なら誰しも土壌への関心がある。月面土壌や火星土壌の研究者がいることを知り、一気に宇宙への興味に火が付いた

代表作月焼きの皿。NASA の研究成果から開発された模擬月砂との出会いをきっかけに生まれた

で色がまったく変わってしまうなど制御が難しかったが、研究を重ね作品化に成功。現在は商用利用が可能な、米国のジョンソン宇宙センター製のレゴリス・シミュラントを使用して作陶している。

目を近づけると、複雑な色合いの黒い闇に金色の月が浮かぶ皿や、クレーターのような模様が表れた盃など、同じ原料から作ってもさまざまな風合いを醸し出す月焼きは、顔料を一切使わない。「月の砂」の成分の色をできる限り引き出そうとして作られてきた。

酒器はかけがえのない友や、心底ほれ抜いた相手と飲み明かす夜に、お酒が一層おいしく感じられるように。食器はこだわり抜いた料理の味をさらに引き立てるように、花器は大切な人との特別な思い出を彩れるように、特別な時間に華を添えるような作品づくりを心がけている。

現在は米国に在住。現地では土物の陶芸作品が、とりわけ注目をあびていると感じる

筑紫が陶芸に出会ったのは小学生のとき。工作の授業で縄文土器を作ろうと、校庭で野焼きを体験した。その面白さが心に残り、穴窯のある高校に入学。美術部で土を練り、作品を薪で焼くうちに、土の力強さや炎の美しさにますますひかれていった。高校文化連盟主催の芸術展に応募したところ、「教育長賞」「文化連盟賞」など5つの賞を受賞。評価される喜びや、作品を通した人とのコミュニケーションに感動を覚え、陶芸家になろうと決めた。

美大卒業後、窯を買って実家に工房を構える。1年ほどはアルバイトしながら作陶していた。もともと宇宙好きで、学生時代から日本宇宙開発機構（ＪＡＸＡ）の主催するイベントに参加し、宇宙開発政策や宇宙法を学ぶサークルの勉強会などにも出席していた。そのうち月焼きが評価され、月面土壌研究成果の文化的利用を担う芸術家としてＪＡＸＡに認められた。月周回衛星「かぐや」の打ち上げ成功記念で企業から月焼きの盃１０００客を受注するなど販売も順調になった。国際陶磁器展美濃での美濃賞受賞をはじめ、国内外の陶芸展で入選し、陶芸界での実績も積んできた。

現在は夫の仕事の関係で、米国ワシントンＤＣに、2歳の長女と２０１４年に生まれたばかりの次女と暮らす。子育てのため、制作・販売は休んでいるが、米国で陶芸家や陶芸の講師として働く日本人と交流するなど、やはり勉強熱心だ。

「アメリカでは、日本の陶芸は好感をもたれているようです。英語でChinaは磁器、Japanは漆器を意味しますが、茶道の影響もあるのでしょうか、美術館には日本の工芸品として、漆器より土物の陶芸作品が数多く展示されています。陶芸技術の専門書も、日本の手法や道具を紹介したものが数多くあります。日本の陶芸家はもっとアメリカのマーケットを目指してもいいように思います」

筑紫の作品に関して言えば、海外では月焼きよりも、「Wise sheep people」シリーズという名で制作して

いる羊のオブジェのほうが好評だ。「タロットカードで月が不吉とされるように、月のイメージが良くない国も多いようです。これからはいろんな国で展示機会を増やし、その国の空気を感じながら、現地のアーティストと話をしてみたいな、と思っています。食器もオブジェも、作品に物語があるようなものづくりを磨いていきたいです」

筑紫の今後のプランは具体的だ。ときどき海外出張に行きつつ、平素は毎朝子どもたちに栄養バランスの取れた朝食と弁当を作り、家族を送り出してから工房で制作しつつ家事をこなす。夕方には子どもたちの宿題を見がてら一緒に自分の勉強も。子どもたちが寝たら夫と一緒にうまいおつまみと酒をお気に入りの器でいただく…。「陶芸にいそしむだけでなく、家族にたっぷり愛情を注いでいくのが夢です」という。もちろん、その器は筑紫の手作りで。

羊のオブジェは海外でも人気がある

IKEYAN★
MEMBER

PROFILE

筑紫百合子（ちくしゆりこ）
神奈川県横浜市出身／1981年7月19日生まれ

2005年	多摩美術大学美術学部工芸学科・陶プログラム 卒業 「月焼き」を発表 第56回国際宇宙会議福岡大会にて展示
2006年	朝日新聞「ひと」欄に陶芸家として掲載（9月22日付）
2007年	月焼窯元を設立 NECの月周回衛星「かぐや」打ち上げ記念品に、月焼窯元の作品が選定
2008年	第8回国際陶磁器展美濃国際陶磁器コンペジション 陶芸部門 美濃賞受賞
2009年	イタリアのファエンツァ国際陶芸展56回記念コンペジション　入選 THE 5th WORLD CERAMIC BIENNALE 2009 KOREA 入選
2010年	第10回大分アジア彫刻展　優秀賞 旧フランス大使館アート展「No Man's Land」展示 「第18回テーブルウエアフェスティバル2010大賞in東京ドーム」入選 アートギャラリー銀座　企画個展
現在	米国ワシントンD.C.にて育休中

BLOG＝http://ameblo.jp/lakkan/

GALLERY_作品が買える/見られる場所

★販売の再開は2015年５月以降の予定

「冰肌玉骨（美しい女性）」をイメージした代表作の青白磁

純白の素地に彫りつけた文様にたまった釉薬が青みを帯びて見える「青白磁」。中国では「影青《いんちん》」とも呼ばれ、その清純さが尊ばれる。台湾出身のツォン・ウェンティンは青白磁の魅力を器で表現する。

台湾には東方美人や凍頂烏龍茶など台湾茶を楽しむ文化があり、台北の故宮博物院には、中国・宋時代の青磁を代表する名品が展示されているが、陶芸を職業とする人は多くないという。一般市民はメラミンなどの食器を使うことが多く、陶磁器などはお金持ちのもの、というイメージだ。

美術教師を志して教育大学に進んだウェンティンも、当初は陶芸を学ぼうというつもりはなかった。陶芸との初めての出会いは、たまたまのぞいた大学の陶芸サークルでのことだ。先輩たちが作る器やアクセサリーを見て、自分も

日本で育む、台湾文化を反映した青白磁

鍾雯婷
CHUNG Wen-ting

やってみたいとサークルに参加。大学では三つしかなかった陶芸の授業を受け、先生について卒業制作を行った。さらに大学院で陶磁専攻課程に進学。周囲の学生のほとんどがオブジェを制作していた。ウェンティンも何かしらの用途はあるが食器とは呼べない、オブジェのようなものを作っていた。しかし、2年生のとき、交換留学先の米国サウスカロライナ州の芸大で、「sculpture（オブジェ）」ではなく「pottery（陶器）」でオリジナルの作品を作る人たちを見て、ウェンティンの目は器に向いていく。

動きのある形状を得るために、ろくろをひいた後の陶地をカットすることも

留学から帰った後も、夏休みに再び米国メーン州で行われた陶芸のワークショップに参加。ここで新たな作陶のヒントを得る。もともとファッションに関心のあったウェンティンは洋服作りの要素を取り入れる。洋服は型紙に沿って布を裁断し、縫い合わせて立体のラインが出た後もハサミを入れて曲線を出したり、形を作ったりする。ウェンティンは、ろくろをひいた後の陶地をカッターなどで切ったり形を歪めたりして、「ひらひらと風になびく葉っぱのような」動きある形状の器を作るようになっていった。ウェンティンが代表作に挙げた作品もこの手法だ。

大学院修了後に来日。指導教官が

仕事で金沢の卯辰山工芸工房を訪れた体験から、彼女に日本での勉強を勧めたのがきっかけだ。日本には政府や自治体による人材育成の支援制度があり、卯辰山工芸工房でも外国人作家を受け入れていた。器づくりを学ぶには、日本は格好の土地だった。

実際、九谷焼の品質の高さや、吉村茉莉（P92〜）のような微細な絵付けは刺激的だった。四季の移ろい、そして金沢の雪景色など日本の自然風景も、作陶の上で新たなエッセンスとなった。「伝統的に器づくりが盛んな日本はいい意味で厳しい。陶芸を専門的に勉強していない人でも器を見る目があり、いろんな意見にさらされることで腕が磨けました」。まだ日本で作陶を続けるつもりだ。

現在は金沢を離れ東京芸大の陶芸研究室に進学、論文執筆の準備をしながら、研究室で作陶している。日本の中心で歴史文化への理解を深めたいと東京に移ったウェンティンにとって、美術館や博物館のある上野は、理想の環境だ。

ウェンティンが魅せられているのが青白磁だ。青白磁または透光性の高い白磁で、流れるような自由な形の器を作っている。「器は何かを載せて初めて完成するものだと思っているので、単純に形を見せるのではなく、使ってもらうこと

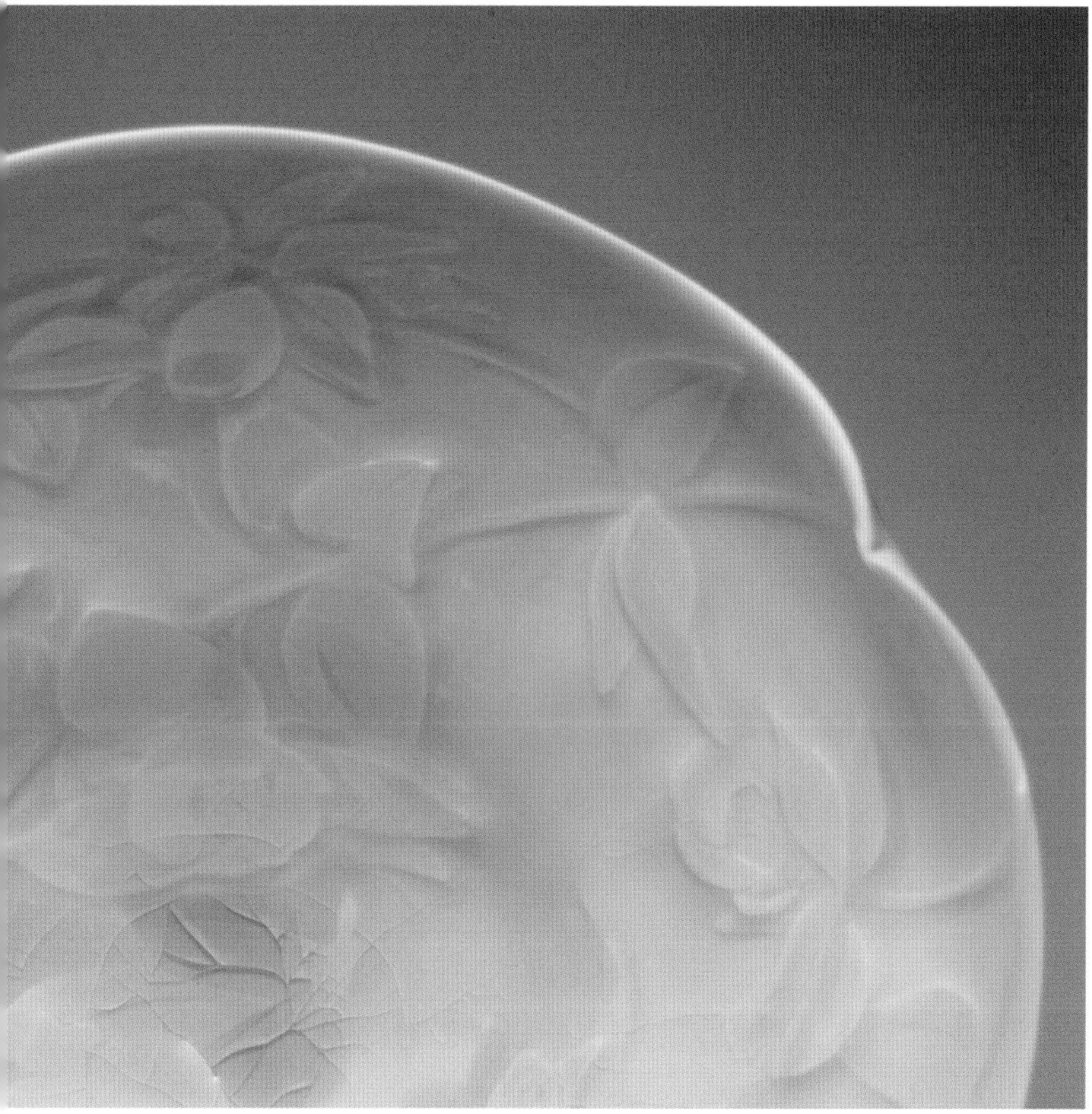

器は上に何かが載ることで完成品だと思っている

IKEYAN★ MEMBER

PROFILE

鍾 雯婷（ツォン・ウェンティン）
台湾桃園県出身／1984年4月5日生まれ

2006年	台湾台東大学 美労教育科　卒業
2008年	米国サウス・カロライナ芸術大学 交換留学
2009年	台湾台南芸術大学 陶磁専攻 修士課程 修了
2010年	来日
2013年	金沢卯辰山工芸工房 修了
現在	東京芸術大学 陶芸専攻 博士課程 在籍

GALLERY＿作品が買える/見られる場所

★ 縁煌　enishira
石川県金沢市東山1-13-10
TEL：076-225-8241

★ KOGEI まつきち
石川県金沢市安江町12-28
TEL：076-254-5416

透光により、ひらひらと風になびく植物のモチーフが浮かび上がる

を重視して作陶しています。暮らしの中のさまざまな色彩が加わることで、器の色もより美しく見える。器とそれに載るものとが"対話"しているような状態が、私の理想とする器の完成形です」。ウェンティンが日本で培った美意識だ。

海外で暮らし、文化の違いを知ることで、自分の中の台湾文化を見つめ直してきた。今は台湾の伝統衣装に使われる女性的な植物などの模様を作品に施している。いずれは台湾に戻り、指導者になることも視野に入れながら、作陶を続けていくつもりだ。台湾の色彩の中で、ウェンティンが作った器に載るものは？ その対話を今から楽しみにしている。

あとがきにかえて

青木良太

ぼくには親友が6人いる。陶芸関係に3人、あとは地元に2人と料理人に1人。

みんな友達っていっぱいいるんだろうなぁ。ありがたいことに、ぼくのことを友達と思ってくれてる人も、いっぱいいるかもしれない。ぼくは知り合いと、友達の線引きが良くわからないアフォだ。

けど親友はわかる

定義はよくわからないけど、最強の一生の友達。なにがあっても裏切らないし、全力でお互いを信用しあえる人。そんな人ってみんな、何人います？　ぼくは6人もいます。これはスゴいことなのです。陶芸界では3人。男の親友が2人。加藤パパ（学校時代の同級生の加藤素規氏）と、だいちゃんこと穴山大輔。この親友のおかげで。、いまのぼくがあります。2人には本当に感謝してます。

「ぼくは陶芸と心中する」

こう決めたのは陶芸家を志した時のこと。それを実行している人って何人いるだろうか…。最初は恋愛と一緒でこの人大好き！　心中するほど！　って思うけど、その時の情熱は1年、2年がたち、10年もしたら、ほぼ無くなるのが普通だよ。

「心中する」ってのは、重すぎる言葉である。一方的に好きになるのは簡単だ。「心中する」には、一生を捧げなくてはいけない。ぼくはアフォな大学生時代の最後に陶芸に出会った。そして決めた。「陶芸と心中する」と。

「心中する気でやらないとプロになれない」。尊敬するパイセン陶芸家・深見陶治さんが学生の時に特別講義で言われた言葉だ。尖ったモノがギュン、と心の奥にささった。確固たる決意が、さらに確信になった瞬間だった。

そこからぼくは1人だった。

まわりも見ても学生の延長でヌルい生活を送っている（同級生、パイセン、ゴメンナサイ…）。みんなは実家がお金持ちだったりで、お金の心配をしなくていい。みんな、ピーターパン症候群だった。「陶芸やってる人たちって頭の中身がガチガチでつまんない超優等生ばかりだ」と感じてた。口には一切出さなかったけど…。

ぼくは超絶貧乏だった。寝てたら、天井からナメクジが顔に落ちて来る超激安アパートにしか住めなかった。それを脱しようと必死で人生賭けて、魂削って頑張ってきた。

そのころ、だいちゃんは？

ぼくと、だいちゃんこと穴山大輔が出会ったのは、彼が大学を卒業して間もなく、こちらの土地にやってきたころだった。その時の彼は、正直、大学の延長のフワフワというかチャラチャラ感がハンパなく出ていて、すぐに好きになった。陶芸に関わっている人には真面目な人物が多い。というか真面目な人しかいない。ちょっと遊んだ感覚の人がいなかった。陶芸の学生をしてた時、ぼくは少しズレているように思われていただろう。

そんな中、だいちゃんと出会ったとき、「あっ！　感覚が似てるヤツだ！」と感じた。

そっからの付き合いである。

そのあとに全国で陶芸をしている若い人たちや学生だけで集まって、マイカップを持って呑むだけのイベントをしようとなった。なんかみんなでワイワイしたら楽しいし、全国の人たちとも知り合いたかった。それをだいちゃんとはじめた。

第1回目は多治見の修道院で1泊2日のイベントだった。京都から創作割烹の枝魯枝魯の料理人たちがご飯をつくりに来てくれたり、あとは金沢のａｋａ（金沢にあった和食の店。現在は「嗜季」として再出発している）からも手伝いにきてくれた。みんな友達なのである。友達と仲間でする大宴会だった。この時からチーム対抗の陶芸ゲームをしたり、花火大会をしたり。騒ぎ過ぎて収拾がつかなくなったこともある。

あっ！　みんな真面目なだけの人たちじゃなく、楽しく遊べる人たちがこんなにいるんだ！　って気づいた。最初は１２０人位のイベントだったと思う。

しかし、いつごろだろう。だいちゃんの作品が変わっていき、陶芸と心中しはじめたのは。

ぼくとだいちゃんは、もちろん自分の好きな作品をつくっている。それが１０００年、２０００年後に残り、闘う作品を。けど、ぼくたちには１年３６５日、１日24時間、限られた時間しかない。それを削ってまで、陶芸界のために大事な時間を使っている。すでに何年間も使っているのです。

ぼくが彼のことを好きなのは、「自分だけハッピーで調子よければいい！」という普通の人が持つ考えではなく、皆が幸せになれるために自分が動いて時間を使っている、ところなのです。頭だけでなく、生き方でわかってくれている。ここまで心の大きいオトコは人生で出会ったことがありません。

ぶっちゃけ、だいちゃんがいなかったら、イケヤン★はここまで続かなかったでしょうし、ここまで、多くの若手の陶芸家を世の中に輩出できなかったでしょう、マチガイなく。

だって、ぼくたちがやっている
▽新しい才能を探す（ライバルを増やす）▽そのライバルにチャンスを与える（来年の展覧会や仕事などなど）▽これからの新しい才能を育てる▽自分が築いた仕事関係（ギャラリー、取材などなど）の人脈を紹介する▽喰える方法を教える

こんなこと、今後のライバルになる会社に教えないでしょう！　これをやってるのは尋常じゃないと思います。傷つくことだってありました。いろんな陶芸家が手伝ってくれましたが、自分の欲しい人脈や仕事を手に入れたら、去っていきました。でも、続けてます。

そんな7年間でした。それをずっと続けてきた青木、穴山。これが本当の「陶芸と心中してる人」なんじゃないでしょうか。

みんな自分の利益ばかり求めていたら、この業界はすたれていきます。いまはそうではなく、自分たちで業界を盛り上げなくてはいけない時期なのです。

毎週木曜日に制作が終わってから、穴山（だいちゃん）と2人で会議をしてる。事務所という名のコメダ珈琲で。いつも頼むのはバナナジュースのシロップとミカンの缶詰の汁抜き。

たまに飽きてくると「お任せ！」。店員さんがギョッとする。そしてそれが面白い。ただの喫茶店なのにこちらも何が出て来るかドキドキワクワクするのである。なんでも無いことだけど、その中から楽しいことを生み出すのが好きなのだろう。

最近は陶芸をしている人達と会う機会がほとんど無くなった。会うとしたら写真家やラッパーやＤＪ、建築家、アーティスト、芸能人、料理人、

ＩＴ経営者などである。イケヤン★をはじめたころからこうなると予想していた。だからこそ毎週1回、陶芸家のだいちゃんと会うのはスゴい貴重だ。

それでも一緒にいてくれる。
それは、
友達です。

ぼくは自分の味方をしてくれる人には１００倍の恩返しをしてます。したいです。その代わり、おちょくったり、いじめたり、舐めたりする人には１０００倍のお返しをさせてもらいます。

ぼくたちは、陶芸界においてイイ感じにみられます。なのでヘラヘラさせてもらってます。人にどんなに攻撃されようと関係ないです。ぼくたちには信念があるから。

これが「陶芸と心中している」ってことだと思う。

これができてるひと。日本には10人以下。そのウチの1人、穴山大輔に出会えてぼくは本当に幸せです。


ぼくたち幸せになるために、この旅路をいくんだ。

穴山大輔

僕が瀬戸に来たのは２００５年。愛知万博が行われ賑わうなか、右も左も分からず、ただやる気だけを片手に制作とバイト、そして、展示会を見て歩き、いろいろな人を訪ねたりしていた。

青木さんとの出会いは瀬戸に来て最初の夏だった。飲み会の席で会った青木さんの印象は、とにかく自分の周囲を気遣ってくれる人、だった。僕が出会ったころにはすでに作家として自立し、大きなコンペでも賞に入るほどだったが、年下の学生みたいな奴と買い出しに行く時でも、われ先に走って行き両手に袋を一杯持ってお店を出てくる。

一緒にイケヤン★をやるようになり、驚くことばかりだった。

目の前の制作のことしか考えられなかった僕が、違う視点を持てるようになった。青木さんは話す時に図解しながら話す。その図はいつも、その先のビジョンを想定しやすい絵になっていた。人の何倍も手を動かし頭を働かせている。そして、酒も凄い呑む（笑）

日に日に大きくなる青木さんはよくディスられてる（批判を受けることの意）。出た杭はこんなにも打たれるのかと感心もしたが、青木さんは打たれたら打ち返すほどのタフさも持ち合わせている。

確かに青木さんを断片的に見たら無茶苦茶だ。

向かうべき所を見つけ、そこにただただ突き進む。過程ではなく、結果に向かって突き進む。僕はそれで良いと思う。やると決めたのだから。

おまとめ上手は五万といる。
そんなつまらない人間の数百倍、
面白く魅力を感じる。
今度は何をやらかしてくれるのかと期待しつつも、

「オレだって行くぞコノヤロー！！！」

メーン写真撮影：田上直人（クライン写真事務所）

制作協力：
浅田智広、後藤正憲（名古屋外国語大学）
植川孝政（日本デザイナー芸術学院 写真・映像専攻）

IKEYAN★
Artists File
イケヤン★アーティスト・ファイル

2014年11月7日　初版第一刷発行

編　　　著	中日新聞社出版部
発　行　者	野嶋庸平
発　行　所	中日新聞社
	460-8511　名古屋市中区三の丸一丁目6番1号
電　　　話	052-201-8811（大代表）
	052-221-1714（出版部直通）
ブックデザイン	（有）ナカノデザイン事務所
印刷・製本	シナノパブリッシングプレス

ISDN978-4-8062-0675-0